ハイブリッド戦争

揺れる国際秩序

名桜大学国際学部准教授
志田淳二郎

並木書房

はじめに

二〇二一年一月六日。雲のかかった寒空の午後、米国の首都ワシントンDCには何百人もの群衆が集まっていた。群衆は彼らが支持していたドナルド・トランプ大統領が、ジョー・バイデン候補に敗れた二〇二〇年一一月の米大統領選挙の結果に「不正があった」と激しく主張していた。

やがて群衆のうち約八〇〇人が連邦議会議事堂への襲撃を開始した。騒乱は同日夜までには収束したものの、米国民が連邦議会議事堂に突入する様子はテレビやSNSを通じて世界中に放映され人々に大きな衝撃を与えた。

米国史において連邦議会議事堂が襲撃を受けたのは、英国から独立を達成した米国が、再び英国と戦争をした米英戦争（一八一二～一四年）時の、英軍によるワシントン焼き打ち事件のたった一度しかなかった。

二度目の襲撃は外国勢力ではなく米国民自らの手で行われてしまったのである。

それから七か月後の八月、バイデン政権は、二〇〇一年の9・11同時多発テロ以降「対テロ戦争」を行っていたアフガニスタンからの米軍完全撤退を完了した。かくして米国史上最長の二〇年に及ぶ戦争は幕を閉じたが、アフガニスタンの首都カブールの空港で、国外脱出を望むアフガニスタンの群衆を振り切りながら空へ飛び立った米軍機の様子や、カブールに続々と侵入するタリバンの兵士たちの映像もまたテレビやSNSを通じて世界中に拡散された。

国際秩序を単独で維持する意図も能力も、もはや米国が持ち合わせていないことを世界に知らしめる事件が二〇二一年以降相次いだ。二〇二三年一〇月には、イスラム過激派武装テロ組織ハマスがイスラエルを大規模攻撃し、「イスラエルにとっての9・11」が発生した。

そしてなんといっても、米国の力の凋落を後目《しりめ》に、二〇二二年二月二四日、ついにロシアがウクライナへの大規模軍事侵攻を開始したことは決定的であった。二〇一四年のロシアによるウクライナのクリミア半島併合やロシア軍のウクライナ東部への軍事介入以降、これまで米欧の専門家の間で、ロシアのウラジーミル・プーチン大統領が、ウクライナ、ベラルーシ、コーカサス地方、中央アジア一帯で「ソ連2・0」を創設しようとしているのではないかという懸念が議論されていた。ロシア・ウクライナ戦争の勃発で、こうした懸念はいまや現実のものとなった。バルト三国をはじめとする中東欧諸国は、ロシアのウクライナ侵攻はロシアが力によって国際秩序を書き換え、「ソ連2・0」を創設するための序曲に過ぎないとの認識が強い。

ウクライナ戦争勃発から八か月が経った一〇月、北京では中国共産党第二〇回党大会が開催され、中華人民共和国憲法の上位規則である中国共産党規約が改正され、「『台湾独立』に断固として反対し押さえ込む」という表現が党規約に新たに盛り込まれた。「祖国統一の大業を完成する」という目標も示された。

中国共産党大会で自身が掲げるスローガン「中華民族の偉大なる復興」を強調し、台湾統一について「決して武力行使を放棄することはない」と述べた習近平国家主席は、同年一一月八日、中国共産党中央軍事委員会の作戦指揮センターを迷彩服姿で訪れ、「戦争の準備を強化せよ」と強調した。

振り返れば二〇二一年一二月、台湾のシンポジウムで「台湾有事は日本有事であり、日米同盟の有事でもある。この点の認識を習近平主席は断じて見誤るべきではない」と語り、台湾統一を目論む中華人民共和国に対し、こちら側の力を見せつけるかたちで、中華人民共和国に力による軍事的対応を選ばないよう自制を促したのは、日本の憲政史上最長の八年八か月にわたり首相を務めた安倍晋三元総理だった。そんな安倍元総理は、二〇二二年七月八日、奈良県で遊説中に凶弾に倒れ、六七歳の生涯を終えた。

いま、日本社会もさることながら国際秩序は大きく揺れている。ロシアのウクライナ侵略のような通常戦力による古典的な武力攻撃が国際秩序を揺るがす大きな要因であることは指摘するまでもないが、国際秩序を揺るがすのは、何も目に見える武力攻撃だけではない。

武力攻撃に至らない段階における現状変更の試みを意味する「ハイブリッド戦争」もまた、国際秩序を揺るがす重大な脅威となっている。

本書は前著『ハイブリッド戦争の時代―狙われる民主主義』（並木書房、二〇二一年）の刊行後に得たハイブリッド戦争に関する最新の研究を踏まえ、前著で扱いきれなかったハイブリッド戦争の事例や二〇二四年初頭までの最新の国際情勢を分析する。

本書を手に取られた読者の皆様が、ハイブリッド戦争について世界標準で理解していただくことを切に望む。また、本書の議論が、今後の日本の外交・安全保障政策を構想するうえで何らかのお役に立てるのであれば、筆者にとってこれに過ぎる喜びはない。

目次

はじめに　1

序章　日本の生き残りをかけた戦い　12

第一節　問題の所在　12

戦い方の変化／ハイブリッド戦争時代の到来／日本の新たなアプローチ

第二節　ハイブリッド戦争概念をめぐる混乱　17

日本の論壇状況／米欧の状況／防衛大臣発言、『防衛白書』、『安保三文書』

第三節　本書の課題　26

第1章　ハイブリッド戦争の理論　28

第一節　米欧における概念の発展　28
４ＧＷ理論／ハイブリッド戦争概念の登場／「対テロ戦争」の作戦上の概念／米国・イスラエルが警戒するイラン／イラン・イスラム革命防衛隊と代理勢力（プロキシー）／関心の薄かったＮＡＴＯ／二〇一四年以降のヨーロッパ／ハイブリッド戦争を定義付ける

第二節　ロシアによる独自の解釈　42
米欧とはまるで異なるロシア／スリプチェンコの「非接触戦争論」／ドゥーギンの「ネットワーク中心戦争論」（ＮＣＷ）／いわゆる「ゲラシモフ・ドクトリン」／ギブリードナヤ・バイナー

第三節　情報戦の理論　52
情報戦とは何か／積極工作／影響工作

第2章　ロシアがしかけるハイブリッド戦争　61

第一節　ロシアの情報戦体制　61
「ペレストロイカのエージェント」を探して／ロシアの陰謀論的世界観／ロシアの情報戦の手段／ロシアの情報戦アクター

第二節　米国にしかけられた情報戦　68
暴露／余談／準備／IRAの攻撃開始／GRUの攻撃開始／連邦議会襲撃

第三節　日本にしかけられた情報戦　81
「旅の道連れ」／「知の巨人」／ディープ・ステート陰謀論／「本物の知の巨人」／民族派右翼／ロシアの「友達」／反米左翼／「平和運動」／時限爆弾

第3章　中華人民共和国が及ぼすハイブリッド脅威　98

第一節　中華人民共和国のハイブリッド戦争体制　98
中国人民解放軍改革／智能化戦争／認知領域における闘争への関心／総体国家安全観／海洋アクター／情報アクター／工作アクター／ソフト・パワーとシャープ・パワー

第二節　大国間競争　113
日米の『国家安全保障戦略』／一帯一路／ハンガリーとセルビア／NATOの対中警戒

第三節　中華人民共和国の論理　123
「人類運命共同体」／「中国」（チャイナ）とは何か／「正統」をめぐって／未完の「中国」

第4章　揺れる国際秩序　134

第一節　ハイブリッド戦争の脅威　134

ハマス・イスラエル戦争／イランのしかけるハイブリッド戦争／フーシー派の加勢／ベラルーシ難民危機／移民・難民の「武器化」／中露関係の深化／緊張高まる中台関係

第二節　国際政治学理論の弊害　153

主要三理論／リアリズム（現実主義）／リベラリズム（理想主義）／コンストラクティビズム（構成主義）／認知領域への影響／現実に基づかない「理想主義」の弊害

第三節　世界観の衝突　162

再びドゥーギン／ドゥーギンの「地政学」／「主権」そして「多極」

終章　ハイブリッド戦争の時代を生き抜く　174

第一節　見えてきたもの　174

ハイブリッド戦争の暫定的評価／日米比較／イスラエルの場合／最重要概念としてのハイブリッド戦争

第二節　日本の生き残り　178

日本の安全保障体制／防衛省・自衛隊の情報戦対策／外務省の情報戦対策／偽情報対策／経済安全保障／最先端を行くチェコ／多角的・多層的な安全保障協力／通常抑止の強化／自衛権との関わり／「力」の構想

おわりに　202

主要参考文献　210

脚註　221

本書で述べる議論は、所属先である公立大学法人名桜大学の所感ではなく、全て筆者個人の見解である。

凡例

・人物名につく肩書は当時のもの。
・国家としての「中国」を指す場合、「中華人民共和国」という表記を採用した。直接引用などに際してはこの限りでない。
・「中国」を冠する固有名詞などの記載について、そのまま「中国」と表記した。
・Twitter社の名称については、二〇二三年四月以前は「ツイッター」、それ以降はX（旧ツイッター）と表記した。
・ウクライナの首都キーウの呼称については、ロシア側の主張を記述する際には「キエフ」と表記した。

序章　日本の生き残りをかけた戦い

第一節　問題の所在

戦い方の変化

二〇二二年一二月一六日、日本政府は『国家安全保障戦略』、『国家防衛戦略』、『防衛力整備計画』からなる、いわゆる『安保三文書』を閣議決定した。岸田文雄政権による『国家安全保障戦略』(二〇二二年版)は、当時の安倍晋三政権が策定した二〇一三年版を改訂したものである。二〇二二年二月二四日に始まったロシア・ウクライナ戦争や、中華人民共和国による台湾侵攻の懸念が高まるなど、日本を取り巻く安全保障環境のみならず国際秩序そのものが大きく揺れていることが改訂の背景にあることは、指摘するまでもない。

『安保三文書』には、とある用語が登場する。

それは「ハイブリッド戦」である。(1)『国家安全保障戦略』二一頁に記載されている「我が国を全方位でシームレスに〔筆者註：切れ目なく〕守るための取組の強化」の項目中に、「軍事と非軍事、有事と平時の境目が曖昧になり、ハイブリッド戦が展開され、グレーゾーン事態が恒常的に生起している現在の安全保障環境において、サイバー空間・海洋・宇宙空間、技術、情報、国内外の国民の安全確保等の多岐にわたる分野において、政府横断的な政策を進め、我が国の国益を隙なく守る」という具合で、「ハイブリッド戦」が登場する。(2)『国家防衛戦略』では、次のように、同用語は「情報戦」という用語と並んで四回登場している（圏点は筆者）。

> 戦い方も、従来のそれとは様相が大きく変化してきている。これまでの航空侵攻・海上侵攻・着上陸侵攻といった伝統的なものに加えて、精密打撃能力が向上した弾道・巡航ミサイルによる大規模なミサイル攻撃、偽旗作戦を始めとする情報戦を含むハイブリッド戦の展開、宇宙・サイバー・電磁波の領域や無人アセットを用いた非対称な攻撃、核保有国が公然と行う核兵器による威嚇ともとれる言動等を組み合わせた新しい戦い方が顕在化している（五頁）。
>
> 我が国を守り抜くのは我が国自身の努力にかかっていることは言うまでもない。（…中略…）抜本的に強化された防衛力は新しい戦い方に対応できるものでなくてはならない。領域横断作戦、

情報戦を含むハイブリッド戦、ミサイルに対する迎撃と反撃といった多様な任務を統合し、米国と共同して実施していく必要がある（七～八頁）。

ロシアによるウクライナ侵略を含む力による一方的な現状変更やその試みに直面し、情報戦、サイバーセキュリティー、ＳＣ〔筆者註：戦略的コミュニケーション〕、ハイブリッド戦等の先進的な取組を進める北欧・バルト諸国等との連携や、日本との関係強化に関心を示すチェコ・ポーランド等の中東欧諸国との連携を強化していく（一六頁）。

今後、より一層、戦闘様相が迅速化・複雑化していく状況において、戦いを制するためには、各級指揮官の適切な意思決定を相手方よりも迅速かつ的確に行い、意思決定の優越を確保する必要がある。（…中略…）このため、２０２７年度までに、ハイブリッド戦や認知領域を含む情報戦に対処可能な情報能力を整備する[3]（二〇頁）。

ハイブリッド戦争時代の到来

ハイブリッド戦争への関心の高まりは、なにもいまに始まったことではない。

西側の安全保障専門家が同用語を頻繁に語るようになったのは、ロシアがウクライナのクリミア半島を併合した二〇一四年以降のことであった。二〇一三年秋から一四年三月にかけて、ロシアは政治的・経済的圧力、サイバー攻撃、国境付近での最大一五万名規模のロシア軍の「訓練」実施などを繰り返し、あらゆる領域で、EU（ヨーロッパ連合）への接近を図っていたウクライナに圧力をかけていた。

やがて所属を表す標章のない、緑色の迷彩服に身を包んだ完全武装の集団（リトル・グリーン・メン）が、クリミア半島に出現した。彼らは地方政府庁舎・議会・軍施設・空港などの重要インフラを次々と占拠した。その後、ロシア正規軍も後続展開を開始、ウクライナ軍は効果的に反撃できずにあっという間にクリミア半島を占拠され、物理的にウクライナ本土から分離させられた。この直後にクリミアでは、ロシアへの編入を問う住民投票が行われ、住民の圧倒的多数の賛成票をもって、二〇一四年三月一八日、クリミアはロシアへ「民主的」に、かつ「法的」に編入されたのであった。

二〇一四年以降、ロシアやウクライナと地理的に近接する北欧や中東欧諸国、EUやNATO（北大西洋条約機構）ではハイブリッド戦争研究が飛躍的に発展し、近年では類似する概念として「ハイブリッド脅威」といった用語もヨーロッパの国際機構や各国政府の戦略文書に幾度となく登場するにいたった。

いまや、ハイブリッド戦争は、自由・民主主義の価値観を日本と共有する同盟国や同志国にとって重大な脅威となっている。

日本の新たなアプローチ

現在、日本は戦後最も厳しく複雑な安全保障環境に直面している。[4] この荒波を乗り切るために、日本は、①日本自身の防衛体制、②日米同盟による共同の抑止力・対処力、③同志国などとの連携を重層的に強化していく三つのアプローチに舵を切った。

特に、第三のアプローチにおいては、「日米同盟を重要な基軸と位置付けつつ、地域の特性や各国の事情を考慮したうえで、多角的・多層的な防衛協力・交流を積極的に推進していく」という発想の下、安倍元総理が提唱したQUAD（日米豪印）の一角をなすオーストラリアやインド、そして、これもやはり安倍元総理が推進した「自由で開かれたインド太平洋」（FOIP）への関心を強める英国、フランス、ドイツ、イタリアやNATO、EU、さらには、韓国、カナダ、ニュージーランド、中東欧諸国などの同志国との連携がさまざまなレベルで始まっている。[5]

同志国や国際機構の中には、ハイブリッド戦争の研究、実務で最先端を走る国家や国際機構が少なくないため、日本としても、ハイブリッド戦争についての正確かつ適切な理解が、今後、連携を進めるうえで何よりも重要となる。

第二節　ハイブリッド戦争概念をめぐる混乱

日本の論壇状況

前著『ハイブリッド戦争の時代—狙われる民主主義』（二〇二一年）でも指摘したように、また本書第1章で詳しく説明するが、ハイブリッド戦争は、「戦争」と表現しているものの、武力攻撃—「戦争」、「有事」—に至らない段階、すなわち「グレーゾーン」から「平時」における民主主義社会をターゲットにした権威主義諸国のさまざまな工作活動や国際秩序における現状変更の試みを意味する。しかしながら残念なことに、日本では、大学やシンクタンク所属の研究者、防衛に携わった経験を持つ実務家ＯＢが公表するハイブリッド戦争に関する論考は、米欧で蓄積されているハイブリッド戦争に関する先行研究や、国家実行や国際機構における議論を反映していないものとなっている[6]。

例えば、中曽根平和研究所主任研究員で笹川平和財団特別研究員などを兼任する大澤淳は、ロシア・ウクライナ戦争をハイブリッド戦争と評価する。図1を示しながら説明する大澤によれば、ハイブリッド戦争は、①情報戦・心理戦、②サイバー戦、③通常戦の三段階から成るというが、ハイブリッド戦争研究を行っている筆者は、大澤説が提示する三段階説を耳にしたことがない。本書第1章で

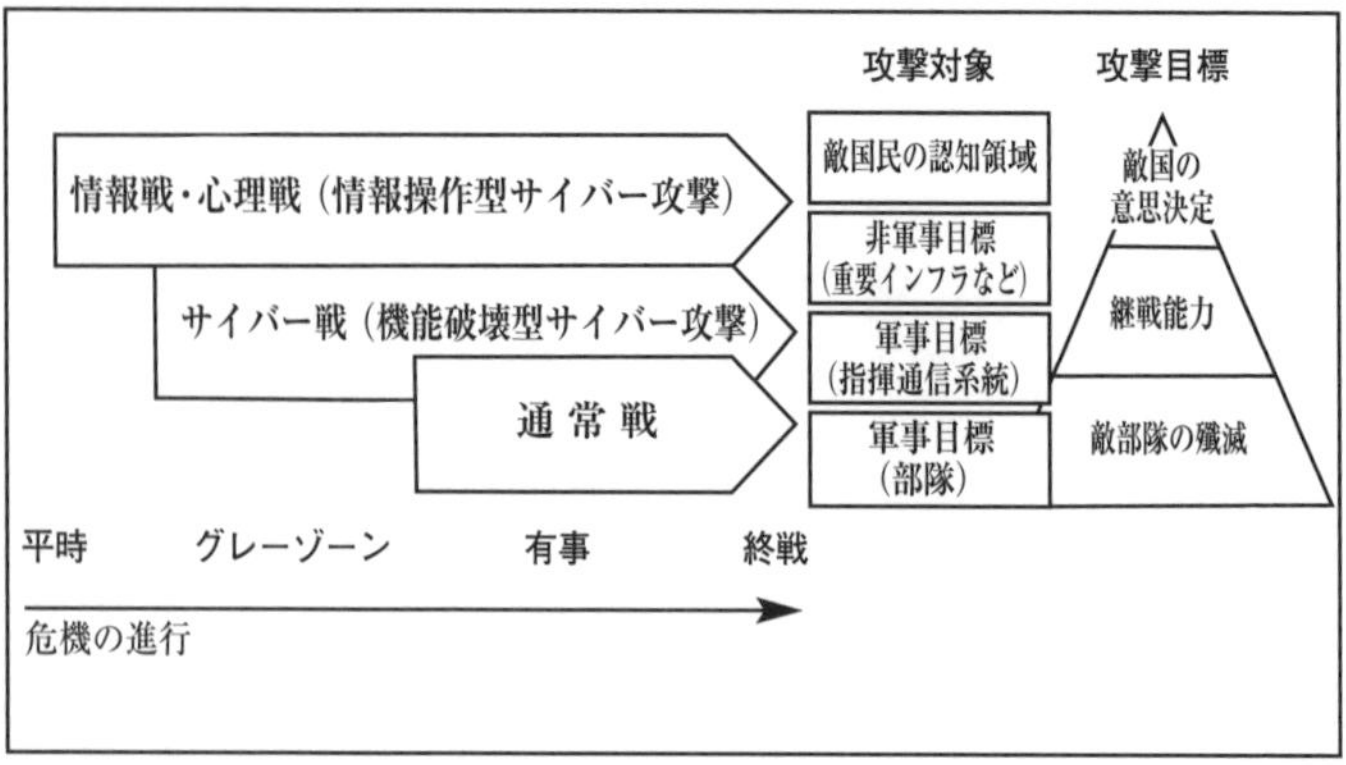

(出所)大澤淳「台湾有事とハイブリッド戦争」
笹川平和財団ホームページを基に筆者作成

図1 ハイブリッド戦争の様相(大澤説)

詳しく説明するように、そもそも通常戦が始まっている段階はすでに武力攻撃に該当し、ハイブリッド戦争とは異なる烈度の高いフェーズだが、大澤は通常戦が戦われる「有事」をハイブリッド戦争のフェーズに含んでしまっている。また、ハイブリッド戦争には「終戦」があるというが、ハイブリッド戦争の時代には、もはや「終戦」フェーズは存在しない(7)。

広島大学や東海大学で客員教授を務めるロシアの情報戦に詳しい佐々木孝博元海将補は、ロシア語資料を紐解きながら、ロシアが推し進めるハイブリッド戦争を図2の中で位置付けている。図2を見れば分かるように、佐々木説によれば、烈度の低い「平時・有事のあいまいな状態」から、烈度の高い、それこそ戦術核の使用も含めた「大規模紛争」までのすべてのフェーズをハイブリッド戦争に含めてしまっている。武力攻撃に至らない段階、というハイブリッド戦争の基本的性質を踏まえれ

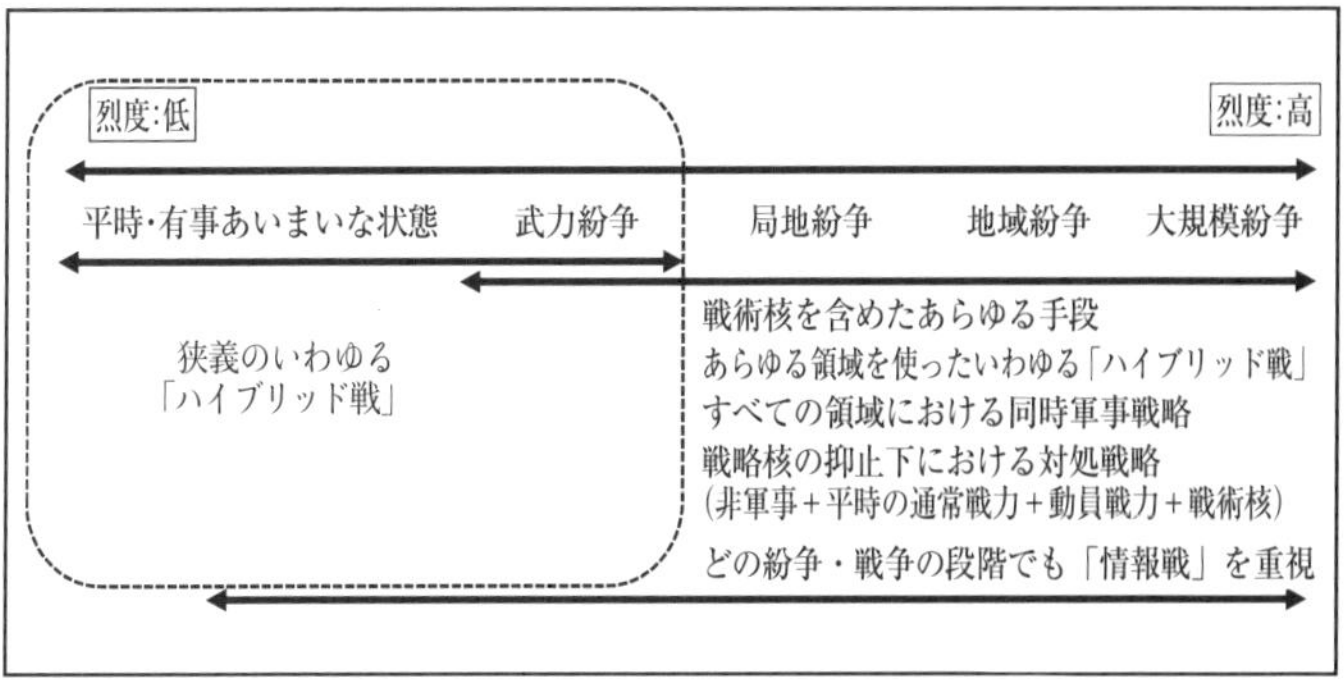

(出所) 渡部悦和・井上武・佐々木孝博『プーチンの「超限戦」』(203頁) の一部抜粋を基に筆者作成

図2 ハイブリッド戦争の様相 (佐々木説)

ば、図2の「平時・有事のあいまいな状態」のみがハイブリッド戦争に該当するのであるが、図2では、そのように理解されてはいない。無論、図2にあるように、「どの紛争・戦争の段階でも『情報戦』を重視」という指摘には筆者も賛同するところである。

防衛研究所所属の中国専門家、八塚正晃は、防衛研究所の『コメンタリー』で、「中国はウクライナ戦争から何を学んでいるか―ハイブリッド戦争という側面に注目して」という論考を公表している。これは、ロシア・ウクライナ戦争に関する中国語資料を基に、中華人民共和国がウクライナ戦争からどのような教訓を学んでいるのかを明らかにしている論考であり、その内容は、ウクライナや米国をはじめ西側諸国を遂行主体とするハイブリッド戦争が効果的に戦われているため、ロシアが苦戦を強いられているという中華人民共和国側の評価を紹介している。前著で指摘した通り、また本書でも強調するように、中華人民共和国はハイブリッド戦争（混合戦争）について、西側とは全く異なる理解をしているのであり、この点についての言及がないまま、中国語資料に書かれている混合戦争論をウクライナに関する論考として公表することは、ロシア・ウクライナ戦争はハイブリッド戦争として評価できるとする誤解を招きかねない。中国人民解放軍の高級教育機関、国防科技大学の研究者が公表している「ハイブリッド戦争とその特徴―ロシア人研究者の視点の解析」（中国語）でも明らかにされているように、中華人民共和国においては、ハイブリッド戦争をロシア流に、すなわち、西側が中露に対しハイブリッド戦争をしかけているという前提に立った議論をしていることは意識したい。

こうした概念上の混乱は、ロシアの軍事思想を基にハイブリッド戦争を理解・説明しようとする姿勢に原因がある。本書第1章で触れるが、「ハイブリッド戦争」という同じ用語を使っているとしても、西側とロシアでは、この用語が想定する世界観がまるで異なる。

米欧の状況

日本の論壇とは異なり、米欧の安全保障研究所は、ロシア・ウクライナ戦争をハイブリッド戦争と表現していない。ロシア・ウクライナ戦争により、日本で一躍有名となった米英の代表的なシンクタンク、例えば、ワシントンＤＣのＩＳＷ（戦争研究所）やロンドンのＲＵＳＩ（英国王立防衛安全保障研究所）が公表しているウクライナ戦争に関連する報告書を読んでみても、ハイブリッド戦争という表現は登場しない。

ＩＳＷは毎日のようにウクライナにおける両軍の戦局分析の報告書を公開している。数が膨大であるためすべてを確認したわけではないが、管見の限り、ロシア・ウクライナ戦争に関連するＩＳＷの報告書でハイブリッド戦争という用語は確認できない。ＲＵＳＩは、ウクライナにおける通常戦（二〇二二年二月～七月）と非通常戦（二〇二二年二月～二三年二月）に関する特別報告書をそれぞれ公表しているが、これらの特別報告書の中でも、ハイブリッド戦争という用語は一度も登場しない。[8]

無論、ほかのシンクタンク関係者の論考の中には、ロシア・ウクライナ戦争をハイブリッド戦争と表現している者がいないわけではない。米国防総省と関係の深いランド研究所の二人の研究員は、ロシアによるウクライナ侵攻が「ＮＡＴＯの定義」によるハイブリッド戦争の様相を呈していると指摘している。[9]だが、彼らがいう「ＮＡＴＯの定義」の引用元を確認すると、『ＮＡＴＯレビュー』というオンライン学術誌に掲載されたノルウェー北極大学平和学研究所博士研究員アルサラン・ビラルの論考にたどりつく。

『ＮＡＴＯレビュー』のホームページにも記載されているように、同誌に掲載された内容はＮＡＴＯそのものや加盟国政府の公式見解を示すものではないことから、ランド研究所研究員の論考は、公式の「ＮＡＴＯの定義」に基づくものとはいえない。ビラルが提示するハイブリッド戦争の定義も、武力攻撃に至らない段階、という同概念の基本的性質を踏まえたものではないことにも注意が必要

だ。(10)

防衛大臣発言、『防衛白書』、『安保三文書』

ところで、読者の中には、安倍元総理の実弟、当時の岸信夫防衛大臣が、ロシアのウクライナ侵攻の翌日、国会議事堂本館内閣議室前での記者会見で、侵攻を「ハイブリッド戦」と表現していたではないかと疑問に思う方もいるかもしれない。二〇二二年二月二五日、ウクライナ情勢についてどのように受け止めているかという記者からの質問に対し、岸防衛大臣は、たしかに次のように答えている。

ロシア軍は、今般の侵攻に際しまして、大規模な兵力や様々な手段により、複数正面から同時多発的に攻撃を行っていると考えています。また、軍事手段と非軍事手段を組み合わせた、いわゆる「ハイブリッド戦」の手法をとっているともみられ、さらに、まさに現在侵攻が行われているところでもあることから、軍事侵攻全体としての評価・分析については、今後、更に深めてゆく必要があると考えています。いずれにしても、わが国唯一の軍事情報分析組織でありますす防衛省として、引き続き、関連動向の情報収集・分析に万全を期してまいりたいと考えております。(11)

二〇二二年三月二日、国連緊急特別総会で採択された決議で、武力行使を禁じている国連「憲章第二条四項に違反したロシア連邦によるウクライナに対する侵略を最も強い表現で遺憾とする」との表現が盛り込まれ、ロシアに対し、「ウクライナに対する武力の行使を直ちに停止」することが要求された。[12] ロシアのウクライナ侵攻は「侵略」であり「武力の行使」に該当すると国連緊急特別総会は判断したのである。

これを受けてかは定かではないが、同年八月に公表された『令和四年版防衛白書』の刊行に寄せた文章で、岸防衛大臣は、「ウクライナ侵略でも見られたような情報戦やサイバー戦といった現代的な戦いへの備えも万全とすべく、既存の思考の枠組みにとらわれない柔軟な発想で、大胆かつ創造的に、新たな戦略を構築してまいります」と記している。[13] 記者会見の発言とは異なり、「ハイブリッド戦」という用語が情報戦やサイバー戦に変更され、ウクライナ「侵略」という表現が用いられていることが分かる。

ロシアのウクライナ侵略は明確な武力行使に該当し、ウクライナが発動している自衛権の対象となる古典的な国家間戦争であり、ハイブリッド戦争と評価するまでもないことは明らかだ。『令和五年版防衛白書』に記されているハイブリッド戦争についての解説に照らし合わせても、ロシア・ウクライナ戦争をハイブリッド戦争と評価することが適切ではないことが分かる。

いわゆる「ハイブリッド戦」は、軍事と非軍事の境界を意図的に曖昧にした手法であり、このような手法は、相手方に軍事面にとどまらない複雑な対応を強いることになります。例えば、国籍を隠した不明部隊を用いた作戦、サイバー攻撃による通信・重要インフラの妨害、インターネットやメディアを通じた偽情報の流布などによる影響工作を複合的に用いた手法が、「ハイブリッド戦」に該当すると考えています。このような手法は、外形上、「武力の行使」と明確には認定しがたい手段をとることにより、軍の初動対応を遅らせるなど相手方の対応を困難なものにするとともに、自国の関与を否定する狙いがあるとの指摘もあります（圏点は筆者）。

また、『令和五年版防衛白書』では、「武力攻撃の前から偽情報の拡散などを通じた情報戦が展開されるなど、軍事目的遂行のために軍事的な手段と非軍事的な手段を組み合わせるハイブリッド戦が、今後さらに洗練された形で実施される可能性が高い」との指摘もなされている[14]（圏点は筆者）。これと同様の一節は『国家安全保障戦略』（二〇二二年版）の七頁にも記載されている[15]。

また『安保三文書』は、日本の論壇でハイブリッド戦争と混同されがちな、領域横断（クロス・ドメイン）作戦を、ハイブリッド戦争とは別の概念として記載している。前節で紹介した『国家防衛戦略』（二〇二二年版）の八頁は、今後、日本が保有すべき抜本的に強化された防衛力は、新しい戦い方に対応できるものではならないと指摘し、ここでいう「新しい戦い方」の例として、「領域横断作戦」、「情報戦を含むハイブリッド戦」、「ミサイルに対する迎撃と反撃」を挙げている。[16] 同文書五頁にもあるように、「情報戦を含むハイブリッド戦」と「宇宙・サイバー・電磁波の領域や無人アセットを用いた非対称な攻撃」は、やはり別の概念として書かれている。

『防衛力整備計画』（二〇二二年版）二五頁も、次のように記述していることからも分かるように、ハイブリッド戦争の重要な構成要素である情報戦と領域横断作戦を別の概念として捉えている。その記述とは次の通りである。

> 防衛力の抜本的強化のためには、これまで以上に個々の自衛隊員に知識・技能・経験が求められていること、また、領域横断作戦、情報戦等に確実に対処し得る素養を身に着けた隊員を育成する必要があることに留意しつつ、必要な自衛官及び事務官等を確保し、更に必要な制度の検討を行うなど、人的基盤を強化していく[17]（圏点は筆者）。

すでに紹介した日本の論壇とは異なり、『防衛白書』や『安保三文書』に記載されているハイブリッド戦争の理解、つまりは、武力攻撃に至らない段階という基本的性質を持つハイブリッド戦争が、表現上、似通っているものの領域横断作戦とは別の概念である、という理解は、本書第1章で詳しく説明する米欧——とりわけヨーロッパ——におけるハイブリッド戦争理解を適切かつ正確に反映したものである。

第三節　本書の課題

前著と同様、本書も「日本の、日本人研究者による、日本の安全保障政策のための研究」という視点を持ちつつ、三つの課題に取り組むものである。

第一に、ハイブリッド戦争や情報戦に関する最新の研究成果を踏まえ、ハイブリッド戦争の理論を改めて確認する。第1章で詳しく説明するように、ハイブリッド戦争という場合、①米国・イスラエル型理解、②ヨーロッパ型理解、そして、③権威主義型理解の三つの類型があることを示す。また、ハイブリッド戦争の重要な構成要素の一つである情報戦の理論についても紹介する。これらの視点は、『安保三文書』に登場する「認知領域を含む情報戦」に対処するために重要である。

第二に、『安保三文書』で強調されている情報戦に重点を置きながら、ハイブリッド戦争の事例分析を行う。第2章で取り上げるように、二〇一四年のウクライナ危機や二〇二二年のウクライナ戦争と前後して、ロシアは東欧のみならず米国や日本にもハイブリッド戦争の一環で情報戦をしかけ、自国に有利な戦略環境を創出しようとしてきた。第3章で紹介する中華人民共和国もまた、グローバルにハイブリッド脅威を及ぼしている。第1章で紹介する諸理論を踏まえ、各章冒頭で整理するロシアや中華人民共和国のハイブリッド戦争遂行主体（アクター）を基に事例分析を行うことで、国際情勢を適切に理解するための視点を養いたい。

第三に、一般的に、安全保障研究は国際政治学者の手により行われる傾向があるが、国際政治学の主要理論の枠組みにとらわれ過ぎると、かえってハイブリッド戦争を適切に理解できなくなってしまうことを第4章で指摘する。また、ハイブリッド戦争の脅威に対抗するための日本外交・安全保障政策について終章で考えてみたい。現在の日本の安全保障体制は、果たして万全なのかどうか、今後、どのような方策が必要なのかをまとめることで、『安保三文書』で提示された基本方針をどのように運用していけばよいかについて、ささやかながら筆者なりの提言を示したい。

いよいよ本題に入ろう。結局のところ、ハイブリッド戦争とはいったい何なのか。第1章で改めてハイブリッド戦争の理論を整理してみよう。

第1章　ハイブリッド戦争の理論

第一節　米欧における概念の発展

4GW理論

ハイブリッド戦争概念は、二〇〇〇年代初頭の米国、それも、「対テロ戦争」に苦しんでいた米海兵隊による研究を経て誕生した。二〇〇〇年代を通じて米国で発展してきたハイブリッド戦争理論と密接な関係を持つ軍事理論の一つに、一九八〇年代末期に登場した「第四世代戦争」（4GW）理論がある。米海兵隊のウィリアム・リンドらが一九八九年に『ミリタリー・レビュー』誌に発表した論文によると、4GW理論の特徴には、戦場におけるさらなる分散化、作戦テンポの加速、集中化された兵站への依存度の低下、小規模でより機動力に富む部隊、はっきりとした前線や戦線のない「非線形」な戦い、そして統合作戦への依存度の増加などがあるとされる。

これらの特徴からも分かるように、4GW理論は、テロリストとの戦闘が想定され誕生したものであった。リンドらによれば、米軍の敵対勢力は、「国民国家」（ネイション・ステート）の枠組みの中で活動せず、むしろ非国家・超国家的なもの、すなわちイデオロギーや宗教のような基盤のうえで活動するという(18)。

一九九一年の冷戦終結後、たしかに「国民国家」の枠組みでは説明のつかない紛争が多発した。そのうちの一つが、ソ連崩壊後のロシア連邦を構成するチェチェン共和国で発生したチェチェン紛争である。チェチェン人はロシア正教徒ではなくイスラム教徒であり、また、帝政ロシアの時代から、ロシア人に敵対的で、独立志向を強く持つ山岳民族であった。そんなチェチェン人がロシアからの独立を目指した戦いがチェチェン紛争であった。

ハイブリッド戦争概念の登場

二〇〇二年、米海兵隊のウィリアム・ネーメトは、ロシアという「国民国家」の枠組みから離脱しようとしたチェチェン共和国の状況を観察し、チェチェン社会は「国家以前の（pre-state）社会」であり、さまざまな歴史や民族的背景を持つ「ハイブリッドな社会」であると捉えた。そのうえで、大雑把ではあるが、そのような「ハイブリッドな社会」が引き起こす紛争形態としてハイブリッド戦争という概念を打ち出した。ネーメトの研究以降、米海兵隊の戦略家の間で、ハイブリッド戦争という用語が広く使われるようになる。[19]

二〇〇五年、米海兵隊のフランク・ホフマン退役中佐とジェームズ・マティス准将（のちのドナルド・トランプ政権期の国防長官）は米海軍協会の機関紙『プロシーディングス』に発表した論文で、将来戦の一形態としてのハイブリッド戦争理論を唱えた。彼らによれば、米軍の敵対勢力が「我々のルールでプレイしなければならないということはない」。むしろ、テロリズムやゲリラ戦といった多様な手法を駆使して小さな戦術的成功を積み重ね、その効果をメディアなどによって増幅するといった方法に訴えてくる可能性が高いとした。

ホフマンとマティスの論文後、米陸軍の野外教範で、「ハイブリッド脅威」という概念が初めて盛り込まれた。同教範では、ハイブリッド脅威は、「非集権的でありながら我が方に対して結束し、従来は国民国家が独占していた能力を有する正規、非正規、テロリストおよび犯罪集団の組み合わせ」と説明されている。[20]

「対テロ戦争」の作戦上の概念

二〇〇七年、ホフマンはネーメトの研究を参照しつつ、4GW理論などの先行研究を順に振り返りながら、ハイブリッド戦争を次のように定義した。ハイブリッド戦争とは、国家・非国家主体（アクター）双方が関わるものであり、その範囲は、「通常能力、非正規戦術形態、無差別暴力や強制を含むテロリスト、犯罪、秩序攪乱行為などさまざまな形態に及ぶ」。このように定義されるハイブリッド戦争の雛形として、ホフマンはレバノンを中心に活動するイスラム教過激派テロ組織ヒズボラとイスラエル国防軍（ＩＤＦ）の間で戦われた第二次レバノン戦争（二〇〇六年）を挙げた。第二次レバノン戦争中、さまざまな旧ソ連、ロシア製ロケット砲やミサイル、イラン製攻撃型・無人航空機で武装したヒズボラはイスラエル国防軍を大いに苦しめた。[21]

ホフマンが定義したハイブリッド戦争は、もちろん、「対テロ戦争」の真っ最中の戦闘に適用可能な概念であるが、それればかりでなく、大規模戦闘終了後、現地社会の治安回復を目的とした安定化作戦の最中にも米軍が直面する課題でもある。米陸軍戦略大学に提出した論文で、米陸軍（予備役）のマーガレット・ボンド大佐が、この点を指摘している。[22]

米海兵隊員によってハイブリッド戦争研究が進んだ理由は、「９・11」を経験した米国が、アフガニスタン、イラクで「対テロ戦争」を繰り広げており、質量ともに圧倒的優位に立っているはずの米軍が、タリバンやアルカイダ、ＩＳ（イスラム国）といった非国家アクターであるテロリストを相手とする戦闘に苦しめられたアフガニスタン戦争やイラク戦争の現実に対応する必要があったからである。

こうした背景もあり、二〇〇〇年代から現在まで、米国では依然、武装ゲリラやテロリスト集団などの非国家アクターがハイブリッド戦争の遂行アクターと想定されている。また米国は、例えばイランのような「ならず者政権」から武器供与やその他支援を受け、高性能の兵器で武装した非国家アクターによる多方面での多様な手段を用いた同時多発的攻撃にどう対応するかについての、伝統的な非正規戦（IW：irregular warfare）や対反乱作戦（COIN）に連なる作戦上の概念として、ハイブリッド戦争が語られることが少なくない。

こうした米国流のハイブリッド戦争理解は、イスラム教テロ組織からの脅威に直面するイスラエルやインドの安全保障専門家の間で共有されている。[23]

米国・イスラエルが警戒するイラン

米国やイスラエルが「対テロ戦争」の文脈でハイブリッド戦争の遂行アクターとして警戒している国家がイランである。[24]例えば、トランプ・バイデン両政権の戦略文書の中には、イランに関連する次のような一節がある。

敵対国家とその代理勢力（プロキシー）は競争空間において国家目標を追求するにあたり、米国による通常〔戦力による〕反応（conventional response）が引き起こされる敷居よりも低い状態で、非正規戦を行い勝利する試みを強めている。中国、ロシア、イランは偽情報キャンペーン、欺瞞、妨害、経済的威圧および代理勢力（プロキシー）、ゲリラ、秘密作戦の実践者である。（…中略…）非正規戦は、非国家アクター、そして米国と日ごとに競争する国家アクターによって採られる持続的かつ恒久的な作戦上の現実である[25]（トランプ政権『国家防衛戦略IW付属文書』二〇二〇年、〔　〕内補足は筆者）。

イランは、テロリスト集団や軍事的代理勢力（プロキシー）を支援し、自国の準軍事組織を動員し、軍事的挑発に関与し、悪意あるサイバー、情報作戦を実施することで、中東の安定をさらに悪化させている[26]（バイデン政権『国家防衛戦略』二〇二二年）。

こうしたイランへの警戒感は、現在のイラン・イスラム共和国（一九七九年成立）の性質に基づく。イラン・イスラム共和国が成立するまでの歴史を簡潔にまとめると、第二次大戦中から英米とソ連との対立が繰り広げられていたイランで、一九五一年、イランの民族主義者モサッデグ首相が石油資源の国有化を発表した。これは英国資本であるアングロ＝イラニアン石油会社の独占を嫌い、英国の植民地主義の名残を取り除く決定であったが、この決定に対し、英国のみならず米国も強く反発した。すでに米国はソ連との冷戦を始めていたことから、モサッデグを共産主義者として警戒していた。一九五三年八月、イランの皇帝派軍人によるクーデタによりモサッデグ政権は打倒された。クーデタは米国のCIA（中央情報局）と対外情報活動を担当する英国のMI6（秘密情報部）による綿密な作戦によって成功したものであり、皇帝パフラヴィーが実権を握り、新たに親米国家イランが誕生した(27)（アジャックス作戦）。

一九七九年、イスラム教シーア派指導者ホメイニの下に結集したイランの反米主義勢力がイラン・イスラム革命でパフラヴィー朝を打倒した。これによりイスラム法学者が最高指導者として全権を掌握する神権国家イラン・イスラム共和国が成立した。

イラン・イスラム革命防衛隊と代理勢力（プロキシー）

米国が警戒するイランのアクターは、イラン・イスラム革命防衛隊（ＩＲＧＣ）である。革命防衛隊は、正規軍とは別系統の軍事組織であり、イラン憲法は軍と革命防衛隊を「国の辺境を守り抜くだけでなく、神の道におけるジハードというイスラム教の使命を果たし、神の法の主権を全世界に拡大するという大義のために闘う責任を負う」と明記しており、『コーラン』第八章六〇節「彼らに対して、あなたの出来る限りの（武）力と、多くのつないだ馬を備えなさい。それによって神の敵、あなたがたの敵に恐怖を与えなさい」が引用されている。

イスラム思想研究者、飯山陽によれば、「大悪魔」たる米国、「小悪魔」たるイスラエルという「敵」に対抗するため、革命防衛隊は国外へ「革命の輸出」を精力的に行っている。再び、イラン憲法であるが、前文に「世界のあらゆる場所で抑圧者に対する被抑圧者の正当な闘争を支持する」とあ

組織、特徴	代表的活動	宣言、政治的立場など
ハマス •アラビア語「イスラム抵抗運動」の頭文字に由来 •ハサン・バンナーがエジプトで創始した「ムスリム同胞団」(1928年) が母体 •軍事部門にエゼディン・アル・カッサム旅団を持つ •ガザを中心に活動	•1987年、第一次インティファーダ (ガザ) でイスラエルと衝突。1991年頃に下火 •1988年、『ハマス憲章』発表 •2000年、第二次インティファーダ (エルサレム) でイスラエルと衝突。2004年頃に下火 •2006年、ガザで武装闘争再開 •2009年1月、2012年11月、2014年7月、2021年5月にイスラエル攻撃。2023年10月、イスラエル大規模攻撃	•イスラエルは建国されるだろう。そしてイスラムが先例のごとくこれを破滅させるまで居続けるだろう (バンナーの引用)。 •イスラム抵抗運動はアッラーの約束の実現を目指す。使徒は言う。「その時〔最後の審判〕はムスリムがユダヤ教徒と戦い、石や木々の陰に潜むユダヤ教徒を殺すまで起こらない。石や木々は言う『おおムスリムよ、アッラーの僕 (しもべ) よ。我が後ろにユダヤ教徒がおるぞ。やってきて殺すがよい』と」(第7条) •ジハード以外にパレスチナ問題の解決はない。さまざまな提案や提議、国際会議などは時間の浪費であり、無意味なものである (第13条) 『ハマス憲章』(1988年) から抜粋。
ヒズボラ •神(アッラー)の党の意味 •レバノンを中心に活動	•1983年、首都ベイルートの米国大使館、米仏海兵隊兵舎へ自爆攻撃 •1985年、『公開書簡』発表 •2006年、第二次レバノン戦争 •2011年以降、シリア内戦関与 •2023年、ハマスのイスラエル攻撃と連動し、レバノン方面からイスラエル攻撃	•輝きを増し、レバノンの被抑圧者のための火を灯し、自由で高貴な生活を実践し、清浄な血の炎によってシオニスト政体〔イスラエル〕とその仲間の暴虐を焼く松明へ。 •我々はアッラーの党派のウンマ〔イスラム共同体〕の子弟が今や基本的な敵を熟知するようになったことを宣言する。この地域における基本的な敵とはイスラエル、米国、フランス、カターイブ〔レバノンの政党〕である。 『公開書簡』(1985年) から抜粋。

(出所) 鈴木「ハマース憲章全訳」(2011年)、高岡・溝渕訳『ヒズブッラー』(2015年) などを基に筆者作成。

表3 代表的なイランの代理勢力 (プロキシー)

るように、イランは国境を越えた影響力の行使を正当化している。

革命防衛隊に属するクドゥス (エルサレムの意味) 部隊 (IRGC・QF) は、外国のテロリスト支援、秘密作戦の援護、地域の不安定化工作などを担っており、現在のイランの最高指導者ハメネイが言うように、クドゥス部隊は軍事、安全保障、諜報、外交、経済、公共サービスのいずれかだけでなく、それら全てを同時に行う組織である。[28]

米国やイスラエルは、「なら

ず者政権」イランが、革命防衛隊を通じて、近隣諸国に点在するさまざまなテロリストにハイテク、ローテクいずれの武器を供与し、中東を不安定化させているハイブリッド戦争の遂行アクターと警戒している背景には、こうした客観的事実がある。実際、二〇〇三年から一一年までのイラクで安定化作戦に従事していた六〇〇人以上の米軍兵士はクドゥス部隊が支援するイラク人武装勢力によって殺害されている。(29)二〇二〇年一月、トランプ政権がクドゥス部隊の参謀ガセム・ソレイマニ司令官をイラク――イランではないことに注意――で殺害したのも、こうした事情による。代表的なイランの代理勢力(プロキシー)であるハマスとヒズボラの詳細については表3の通りである。

ハマスやヒズボラは主にイスラエルに脅威を及ぼしているが、イスラエルに加えて、サウジアラビアやUAE(アラブ首長国連邦)に脅威を及ぼしているのが、別のイランの代理勢力(プロキシー)であるフーシー派である。二〇一四年以来、イエメンの首都サヌアを実効支配しているイスラム過激派武装テロ組織フーシー派は、イランが供与する弾道ミサイル、巡航ミサイル、ドローンで、二〇二〇年に、サウジアラビアに対し月平均三八回、二〇二一年には月平均七八回の攻撃を行い、二〇二二年一月にUAEのドバイ空港、アブダビ空港、石油施設などを大規模攻撃した。(30)

ちなみにイランはイラン製ドローン「シャヘド」をウクライナを侵略するロシアに供与しており、二〇二四年二月下旬には、弾道ミサイル約四〇〇発をロシアに供与したとみられている。

関心の薄かったNATO

話を元に戻すと、ハイブリッド戦争の概念は、米国などでは「対テロ戦争」の文脈で語られていた。こうした流れを受け、二〇〇九年一月一五日、米国防総省が公表した『統合作戦のためのキャップストーン・コンセプト〔第三版〕』では、将来の紛争が従来型の戦争と非正規戦が組み合わさったハイブリッド型となるとの展望が示されるにいたった。[31]

米国における議論の盛り上がりは、NATOにも波及した。NATOには同盟の変革を担う研究・開発・教育・訓練を行うACT（変革連合軍）があるが、このACTが二〇一〇年、ハイブリッド脅威への関心を示すようになった。ハイブリッド脅威に関する研究は、当時の米統合戦力軍（U.S. Joint Forces Command）が所管する統合非正規戦研究所（JIWC：Joint Irregular Warfare Center）と米国防大学（NDU）が中心となって行われた。[32]

ハイブリッド脅威に関するJIWCと米国防大学の研究成果の特徴は次の通りであった。すなわち、一方で、テロリズム、移民、海賊、汚職、民族紛争といったすでに存在している安全保障上の脅威群をまとめて「ハイブリッド脅威」という用語で説明できるとしながらも、他方で、もともと、これらの脅威は偶発的な要因によって、ランダムに発生するものであったが、もしNATOの敵対勢力が、彼らの長期的な政治的目標を追求するために、これらの脅威を体系的に活用したとすれば、それはNATOにとっての脅威以外の何物でもなく、この点がハイブリッド脅威の真新しさであった。

この指摘は、二〇一四年以降のヨーロッパ各国が直面するハイブリッド脅威を考えると、正鵠を射たものであった。ところが、当時のNATOでは米国における「対テロ戦争」疲れもあり、ハイブリッド脅威への関心は次第になくなり、結果、二〇一二年にACTがハイブリッド脅威の研究を中止するにいたった。(33)

二〇一四年以降のヨーロッパ

二〇一四年のロシアによるクリミア併合は、ウクライナやNATOからの効果的反撃を受けることなく、一方的に現状変更した事例であり、その手法もまさに「ハイブリッド」なものであったことから、世界に大きな衝撃を与えた。

これを受け、二〇一六年四月、EUの政策執行機関である欧州委員会は、ハイブリッド脅威を「宣戦布告がなされる戦争の敷居よりも低い状態で、国家または非国家アクターが、特定の目標を達成するために、調整のとれた形態での、強制・破壊活動、伝統的手法、あるいは外交・軍事・経済・技術などの非伝統的手法の混合」とする定義を記載した『ジョイント・フレームワーク』を公表した。欧州委員会の『ジョイント・フレームワーク』を根拠文書として、二〇一七年、NATOとEUがフィンランドの首都ヘルシンキに共同で設立したハイブリッド脅威対策センター（Hybrid CoE）は、数多くのハイブリッド戦争に関する先行研究を調査し、次のようなハイブリッド脅威という用語の包括的な定義を編み出した。すなわち、ハイブリッド脅威とは、国家と非国家アクターが協働で、次のような行動をとることで発生する。

①広範な手段を通じて民主主義国家の脆弱性を意図的に狙った調整の取れた同時多発的行動。

②有事／平時、対内／対外、地域／国家、国内／国際、友／敵といった境界や属性の敷居をなくすような行動。

③こうした行動の目的は、相手に害を加えながら、地域、国家、制度レベルで自らの戦略的目標を達成することである。

ヨーロッパにおけるハイブリッド戦争概念の発展を振り返ると、ハイブリッド戦争、特に、ウクライナ危機以降のそれは、「対テロ戦争」とは、根本的に性質が異なるものであることがわかる。というのも、ロシアや中華人民共和国などの軍事大国は、非正規軍を支援すべく通常戦力をも使用する恐れがあり、さらには、攻撃対象国の同盟国・友好国からの反撃を抑止するため、核戦力をも展開することがあるからだ。

ハイブリッド戦争を定義付ける

ハイブリッド戦争の定義についての詳細な検討は前著『ハイブリッド戦争の時代―狙われる民主主義』（二〇二一年）に譲るが、こうしたヨーロッパにおける議論を踏まえ、日本の事態推移―「有事」、「グレーゾーン」、「平時」―に照らし合わせながら、ハイブリッド戦争を定義付けると、おおよそ次のようになる。

まずは、クリミア併合作戦のような「グレーゾーン」におけるハイブリッド戦争の定義（狭義の定義）は、「宣戦布告がなされる戦争の敷居よりも低い状態で、特定の目標を達成するために、国家または非国家アクターが、調整のとれた状態で、通常戦力あるいは核戦力に支援されたうえで行う強制・破壊・秘密・拒絶活動」となる。

二〇一四年以降、直接的な武力攻撃でもなければ、謎の武装組織（リトル・グリーン・メン）による作戦ですらない「平時」の段階からロシアが関与する工作活動がヨーロッパ各地で頻発するようになった。こうした状況を説明できるのが、すでに紹介したＨｙｂｒｉｄ ＣｏＥが示すところのハイブリッド脅威が「平時」の段階から及ぶ事態というハイブリッド戦争の広義の定義である。

二〇二二年六月二九日、スペインの首都マドリードでＮＡＴＯ首脳会合が開催され、ここで、おおむね一〇年ごとに更新される同盟の指針を示す戦略文書である『戦略概念』が採択された。『戦略概念』（二〇二二年版）ではハイブリッド戦争（hybrid war）やハイブリッド戦（hybrid warfare）という用語は

段　落	書きぶり
第７段落	権威主義的なアクターは我々の利益、価値、民主主義の生活様式に挑戦している。(…中略…) 彼らは、**ハイブリッド戦術**を通して、我々の民主主義のプロセスや制度に干渉し、我々の市民の安全をターゲットにしている。
第８段落	ロシア連邦は同盟の安全保障と欧州大西洋地域の平和と安定にとっての最も重大で直接の脅威である。(…中略…) ロシアは我々や我々のパートナーに対し、通常〔戦力〕、サイバー、**ハイブリッドな手段**を用いている。
第 13 段落	中華人民共和国の悪意ある**ハイブリッド作戦**、サイバー作戦、対立的なレトリックや偽情報は同盟国をターゲットにしており、同盟の安全保障に害を及ぼしている。
第 27 段落	我々は、国家、非国家アクターによる政治、経済、エネルギー、情報の強圧的な使用、そして他の**ハイブリッド戦術**に準備し、抑止し、防衛する能力に投資していく。同盟に対する**ハイブリッド作戦**は、武力攻撃のレベルに達する可能性があり、北大西洋理事会が北大西洋条約第５条を発動することにつながり得る。我々は**ハイブリッドな挑戦**に対抗する我々のパートナーを支援し続け、EU に代表される他の関係アクターとのシナジー（相乗効果）を最大化し続ける。
第 43 段落	我々の長期にわたる協力を基礎とし、我々は NATO・EU 戦略的パートナーシップを強化し、(…中略…) サイバー、**ハイブリッド脅威**への対抗、そして中華人民共和国が欧州大西洋の安全保障に及ぼすシステム上の挑戦への対処という共通の利益に係る問題領域における協力を強化する。

（出所）*NATO 2022 Strategic Concept* を基に筆者作成。太字強調、〔　　〕内補足は筆者。

表４ NATO『戦略概念』（2022 年版）の書きぶり

登場しないが、[34] これに類似する概念として、「ハイブリッド戦術」が二回、「ハイブリッドな手段」が一回、「ハイブリッド脅威」が一回、「ハイブリッド作戦」が二回、「ハイブリッドな挑戦」が一回ずつそれぞれ登場する。表４のまとめからも分かるように、これらの概念はハイブリッド戦争の広義の定義と軌を一にしている。[35]

米国やイスラエルが「対テロ戦争」の文脈でハイブリッド戦争を捉え、その遂行アクターとしてテロ集団（非国家アクター）を想定しているのに対し、ヨーロッパでは、ロシアなどの国家アクターが武力攻撃の敷居を越えない状態で、さまざまな手法を駆使しながら脅威を及ぼす事態としてハイブリッド戦争を語っていることが分かる。

第二節　ロシアによる独自の解釈

米欧とはまるで異なるロシア

このようにハイブリッド戦争概念は、米国で誕生しヨーロッパで発展してきたものだが、ロシアでは、米欧とはまるで異なるかたちでハイブリッド戦争が語られてきた経緯がある。この点を理解するためには、ロシアの軍事思想の変遷を振り返る必要がある。

かつてソ連では、戦争はあくまでも軍事的闘争であるとの大前提の下、軍事思想が発展した経緯がある。「戦争とは他の手段をもってする政治の延長」という有名なテーゼを示したのは一九世紀のプロイセンの軍人カール・フォン・クラウセヴィッツであるが、ロシア革命を主導しソ連を成立させたウラジーミル・レーニンも、戦争とは暴力的手段を用いた政治の延長と捉えていた。

マルクス・レーニン主義という絶対的イデオロギーの下、自由を抑圧する政治体制を構築したソ連国内では、戦争というものは、非軍事的手段によっても遂行されるといった議論が存在していなかったわけではなかったが、スターリンによる赤軍幹部の大粛清により、軍人たちによる自由な議論は徹底的に圧殺され、戦争の非レーニン的理解も封殺された[36]。

一九九一年のソ連崩壊後のロシアでは、同年に勃発した湾岸戦争における米軍主導の多国籍軍の圧倒的勝利や一九九九年のNATO軍によるセルビア空爆の成功の衝撃を受け、さまざまな軍事思想が生まれた。そのうちの一つが、ロシア軍参謀本部軍事アカデミー副総裁のウラジーミル・スリプチェンコによる「非接触戦争論」である。

スリプチェンコの「非接触戦争論」

一九九〇年代から二〇〇〇年代初頭にかけて、「戦争とは軍事的闘争である」とのソ連の戦争理解を基本的に踏襲しつつ、スリプチェンコは、今後の戦争が、海や空から発射される精密誘導兵器（PGM）とこれらを効率的に機能させる情報通信技術（ICT）によって、実際の戦場で敵味方の兵士が直接対峙しないで戦争の帰趨が決まる「非接触」なものとなると展望した。[37]

たしかに、冷戦後の米軍やNATO軍による軍事作戦は「非接触戦争」の性格が強いものであった。一九九一年の湾岸戦争で米軍は六〇機以上の軍事衛星を活用し、通常戦力で優位に立っていたイラク軍に対し情報優勢を確保しながら精密誘導兵器を効果的に活用した。一九九九年のセルビア空爆でも、NATO軍は五〇機以上の衛星を活用し、セルビア陸軍の対空砲火による攻撃のはるか上空に展開していたNATO軍の戦闘機から精密誘導兵器を発射し、NATO側に一人の戦死者を出すことなく、軍事作戦を成功させた。[38]

ただ、スリプチェンコの議論は単純に軍事的闘争のハイテク化を目指すものだったとは言い切れない部分がある。なぜなら、ＰＧＭとＩＣＴの組み合わせは「非接触戦争」の序の口に過ぎず、二一世紀半ばには、超低周波の音響による人間の感情のコントロール、遺伝子技術により特定の人種だけを狙う生物兵器、情報のコントロールによる敵国内部での暴動・虐殺の惹起などが将来の戦争では主流になるとスリプチェンコは論じていたからである。

いずれにせよ、地上軍の投入によらずして戦争に勝利する可能性を示唆したスリプチェンコの「非接触戦争論」がソ連崩壊後のロシアの軍事思想に与えた影響は非常に大きかった。[39]

ドゥーギンの「ネットワーク中心戦争論」（ＮＣＷ）

なかばオカルトじみた議論を行ったスリプチェンコであるが、こうしたオカルト的世界観を抱きながら、米国、英国、ウクライナ、ＮＡＴＯへの強烈な嫌悪感を表明し、ファシズムと指摘されてもいたしかたないプーチン体制を事実上、イデオロギー面から支えている人物に、アレクサンドル・ドゥーギンがいる。

ドゥーギンは、歴史上、ロシアは常に西側世界から敵視され続けており、それはプロテスタントの西洋文明――一九世紀の英国、二〇世紀以降の米国――とロシア正教のユーラシア文明の間の何百年にもおよぶ闘争であると考えている。そんなドゥーギンは、二〇〇七年に著書『ポスト近代の地政学』を発表した。この中でドゥーギンは、米軍の戦略家が用いていた「ネットワーク中心の戦い」（ＮＣ

W）について彼独自の解釈を披露した。

NCWも4GW理論やハイブリッド戦争理論と同様、米軍発の概念である。一九九〇年代後半に米軍内で盛んに議論されていたNCWの概念が果たした軍事的貢献は次のように理解されている。すなわち、偵察用の衛星や無人機などを活用した情報収集システムを駆使して収集された敵部隊などに関する情報は、ネットワークを通じて共有され、遠隔地の司令部からであっても極めて短時間に指揮・統制が行われ、目標に対して迅速・正確かつ柔軟に攻撃力を指向することが可能となった。湾岸戦争やNATOのセルビア空爆は、まさに米軍やNATO軍がNCWからの軍事的恩恵を受けていたことがわかるだろう(40)。

NCWのいう「ネットワーク」とは、米軍内では当然、純粋軍事的意味で用いられていたが、ドゥーギンは「ネットワーク」という用語を独自解釈した。ドゥーギンによれば、「ネットワーク」には、民族や宗教などといった「自然のネットワーク」と、非政府組織（NGO）や人権団体の運動などといった「人工のネットワーク」の二種類がある。ロシアに敵対する外国勢力は、これらの「ネットワーク」を通じロシア国内に侵入し、ロシアの政治体制を打倒しようと試みている。物理的な場所が戦場とされた「近代戦争」とは異なり、「ポスト近代戦争」における戦場は、物理的な境界に縛られるものではなく、こうした「ネットワーク」が創り上げたある種のバーチャルな次元に位置している、とドゥーギンは説明する(41)。

いわゆる「ゲラシモフ・ドクトリン」

ロシアの視点に立つと、ドゥーギンの「ネットワーク中心戦争論」──米軍が用いる「ネットワーク中心の戦い」（NCW）との混同を避けるため、この訳語を充てた──が現実のものとなったのが、ソ連崩壊であり、二〇〇〇年代の一連の「カラー革命」であった。ジョージアの「バラ革命」（二〇〇三年）、ウクライナの「オレンジ革命」（二〇〇四年）、キルギスの「チューリップ革命」（二〇〇五年）により、ロシアが「裏庭」と思っていた旧ソ連圏で権威主義的な親露派政権から親欧米政権への体制転換がみられた。数年後には、中東・北アフリカの権威主義体制が民衆の反抗により打倒された「アラブの春」が発生した。

スリプチェンコやドゥーギンの軍事思想がすでに下地として存在していたことから、ロシアでは、「カラー革命」や「アラブの春」の背後には、権威主義体制打倒を画策する米国をはじめ外国勢力が控えているとする、陰謀論的な世界観が政府や軍高官の間で急速に普及した。

こうしたロシア独特の世界観は、二〇一三年にロシア軍参謀総長ヴァレリー・ゲラシモフが雑誌『軍需産業クーリエ』に公表した論文「予測における科学の価値」でも披露された(42)。ゲラシモフは、「カラー革命」や「アラブの春」は二一世紀の典型的な戦争ではないかと問題提起をしたうえで、これらの事例を軍人が真剣に研究する必要性を訴えた。これからの戦争は「非軍事的手段」が主となりつつあり、国家の正規軍は、政治・経済・情報・人道といった「非軍事的手段」を補完する目的で使用されるとのテーゼを示した同論文の書き手の名前を冠し、二〇一四年のクリミア併合の衝撃で揺れていた西側の安全保障専門家が、ロシアの新たな戦争手法を「ゲラシモフ・ドクトリン」と紹介したことはよく知られている。

ただ、ゲラシモフ・ドクトリンについて、誤解が存在する。ゲラシモフは、ある国家——ほとんどの場合、米国——が、軍事力を背景に、他国に対し、政治・経済・人道などの「非軍事的手段」を多用して影響力を行使し、最終的には体制転換を引き起こす事態を二一世紀の戦争と捉え、こうした脅威にロシア軍が効果的に対応する能力を身に着けることの重要性を訴えたのであり、こういった新たな戦争方法をロシアが西側に積極的にしかけていこうと主張したわけではない。ロシアの軍事専門家、小泉悠が指摘するように、「ドクトリン」というよりは、「もっと頭を柔らかくして考えろ」という「ハッパ」に近かった(43)。

英国におけるロシアの軍事専門家、オフェル・フリードマンも、ゲラシモフ論文は、ロシア軍参謀本部戦略研究センターのセルゲイ・ボグダノフ中将とセルゲイ・チェキノフ大佐が二〇〇〇年代後半から議論を下敷きにしたものに過ぎないと指摘している(44)。

ゲラシモフ・ドクトリンという用語の生みの親は、クリミア併合から数か月後の二〇一四年七月に自身のブログで「『ゲラシモフ・ドクトリン』とロシアの非線形戦争」を投稿した英国におけるロシアの軍事専門家、マーク・ガレオッティであるが、ガレオッティは著書『武器化する世界』（原書房、二〇二二年）の中で、「そのような政策（筆者註：ゲラシモフ・ドクトリン）は存在しない。そう言い切れるのは、私がうかつにもある記事の題名を『ゲラシモフ・ドクトリン』にしたことが原因だからだ。この造語が事の真相のように受け止められるなんて思いもしなかった」と吐露している。[45]別の著書『プーチンの戦争―チェチェンからウクライナへ』（ホビージャパン、二〇二三年）でも、こう悔やんでいる。

大失敗だった。私は化物を解き放ってしまった。本文中では、これはドクトリンではないし、必ずしもゲラシモフの考えでさえないと明言したが、このタイトルは、大ヒット映画や空港の分厚いペーパーバックを意図的に連想させ、それ自体が一人歩きし、至る所で引用され、西側の政治家の演説や軍事マニュアルにまで入り込んでしまったのである。[46]

ゲラシモフ・ドクトリンをハイブリッド戦争の理論と理解してしまうと、序章で紹介した大澤説、佐々木説などにみられるように、理論的な精緻さにかけるハイブリッド戦争論議となってしまう。いまだに、日本では「ハイブリッド戦争＝ゲラシモフ・ドクトリン」と理解されるむきがあるが、そう単純な話ではないのだ。

むしろ、ゲラシモフが披露した世界観こそ、ロシアが主張する西側がロシアにしかけるハイブリッド戦争（露語：ギブリードナヤ・バイナー）なのである。これこそがハイブリッド戦争概念のロシア的理解である。

ギブリードナヤ・バイナー

ドゥーギンの「ネットワーク中心戦争論」のように、ロシアは、米軍発の戦略理論を独自解釈する傾向があるが、ハイブリッド戦争についても同様であった。ハイブリッド戦争理論を有名にしたホフマン論文（二〇〇七年）の露語翻訳版がモスクワ大学社会科学部の雑誌『ゲオポリティカ』に二〇一三年に掲載されるなど、同概念への関心の高まりはロシアでも見られた。興味深いことに、ここまで紹介してきたロシア独特の軍事思想がすでに下地として存在していたことから、西側とはまるで異なるかたちで、ロシアではハイブリッド戦争は独自解釈された。

ロシアの捉えるギブリードナヤ・バイナーは、冷戦初期にソ連封じ込めを提唱した米国の外交官ジョージ・ケナンが主張した「政治戦」(political warfare) と酷似している。政治戦とは、当時のホワイトハウス内の国家安全保障会議（NSC）で回覧された一九四八年四月三〇日付の極秘文書に記された概念で、ケナンによれば、政治戦とは「平時におけるクラウセヴィッツのドクトリンの理にかなった適用」であり、「国家の目標を達成するための、戦争をのぞく国家が自由に使えるあらゆる手段の行使」を意味する。そのため、第二次大戦後四〇年近くにわたり、米国発の政治戦にさらされて

発言者	発　言
プーチン大統領	西側は、新植民地体制を維持するためにはどんなことでもするつもりなのだ。(…中略…)「西側連合」がロシアに対して行っている**ハイブリッド戦争**の本当の理由は、強欲、どんな制限も受けない権力を維持したいという意図にある。彼らは我々が自由になることを望んでおらず、ロシアを植民地と見なしたがっている（2022年9月30日、4州（ドネツク人民共和国、ルハンスク人民共和国、ヘルソン州、ザポロジエ州）併合調印式での演説）。
メドベージェフ安全保障会議副議長	ウクライナ侵攻を理由にした米欧の対露経済制裁は「侵略行為と見なすことができる。一種の**ハイブリッド戦争**だ」と批判（2022年4月8日、通信アプリへの投稿）。
ラブロフ外相	西側諸国は我々に対し、全面的な**ハイブリッド戦争**を宣言しており、いつまで続くのか予想が難しいが、その影響は例外なく全ての人に及ぶことは明らかだ（2022年5月14日発言）。
ペスコフ大統領府報道官	西側諸国との対立や**ハイブリッド戦争**など、広義の戦争について言えば、長期間続くだろう（2023年3月29日発言）。ロシアには**ハイブリッド戦争**がしかけられている。軍事作戦継続には高い国防支出が必要だ（2023年9月28日）。
ザハロワ外務省報道官	NATOは事実上、キエフ政権を道具にしてロシアに対する**ハイブリッド戦争**を行い、キエフに兵器や軍事装備を供給している（2023年7月16日発言）。

（出所）各種資料を基に筆者作成。太字強調は筆者。

表5 ウクライナ侵攻（2022年2月24日）に際してのロシア政府高官発言

いたソ連と同じように、現在のロシアでは米国発のギブリードナヤ・バイナーの脅威にさらされているとの被害者意識が非常に強いのである[47]。

二〇二二年二月にウクライナに大規模軍事侵攻を開始したロシアは、自らが武力攻撃に着手したにもかかわらず、ロシア自身が、西側がしかけるギブリードナヤ・バイナーの被害者であるとの認識を幾度となく披露している。このことは、ロシア政府高官の発言からもうかがえる。表5からも分かるように、ロシアにしてみれば、ウクライナのＮＡＴＯ加盟問題も西側のウクライナへの武器供与も対露経済制裁なども全て「ハイブリッド戦争」ということになる。

こうした理解はほかの権威主義諸国も共

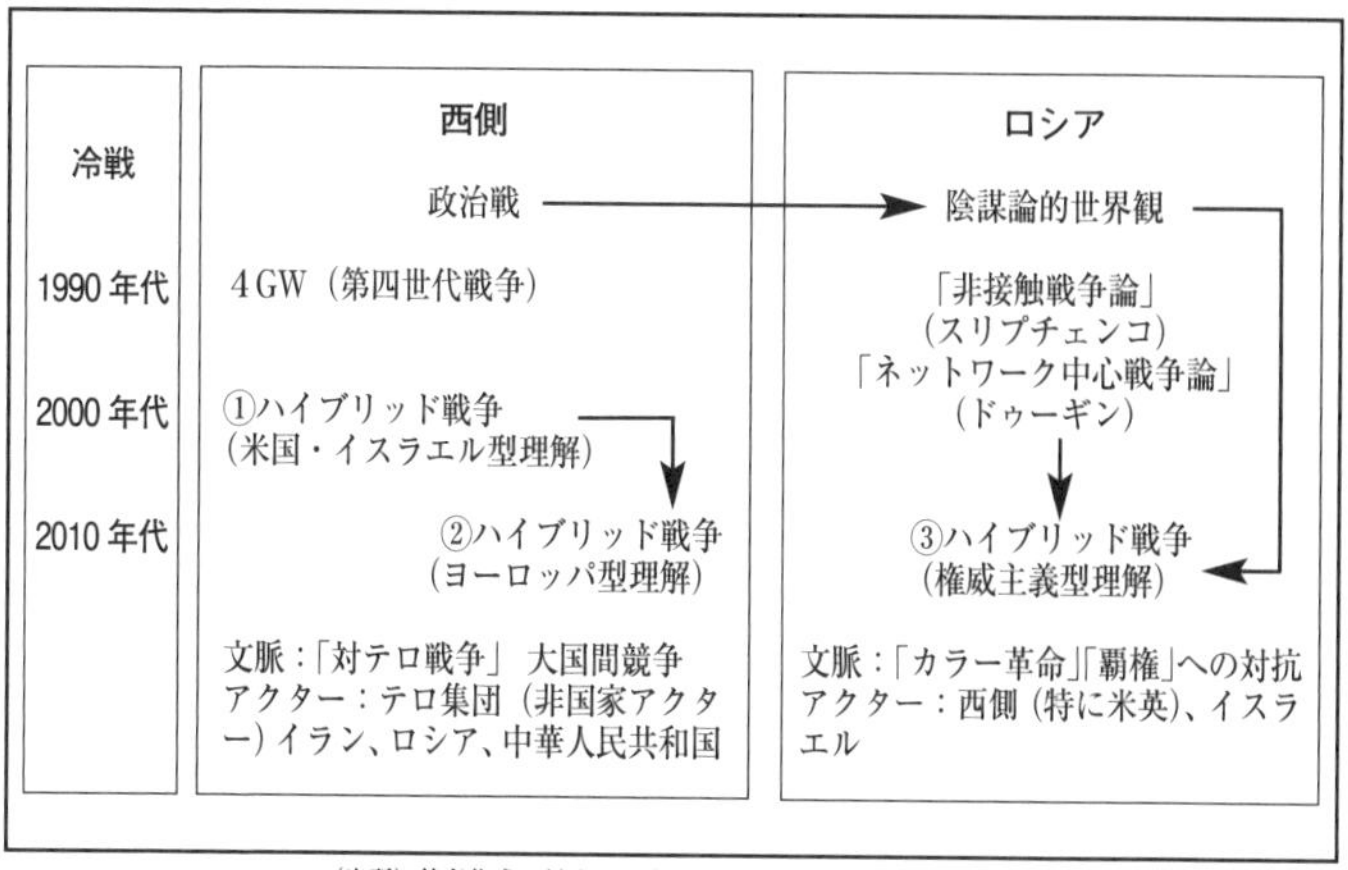

（出所）筆者作成。見取り図案として Fridman, *Russian 'Hybrid Warfare'*, p.xi を参考にした。

図6 ハイブリッド戦争概念の見取り図

有している。二〇二二年九月以降、イラン全土で拡大した女性のヒジャブ着用抗議デモは、米国やイスラエルがイランにしかける「ハイブリッド戦争」だとイラン政府高官は発言しており、それから二か月後に中華人民共和国内で発生した反ゼロコロナデモ（白紙革命）をめぐり、中華人民共和国当局は、白紙革命の背後には外国勢力が存在していると喧伝していた。

ここまで詳しく説明してきた理論をまとめると、ハイブリッド戦争概念を、①米国・イスラエル型理解、②ヨーロッパ型理解、③権威主義型理解の三つに類型化することが可能だ。ハイブリッド戦争について論じるにあたり、この点はしっかりと押さえておきたい（図6）。

第三節　情報戦の理論

情報戦とは何か

ハイブリッド戦争の重要な構成要素の一つに「情報戦」（information warfare）がある。情報戦もまた、米軍発の概念である。この情報戦とよく似た概念に「サイバー戦争」（cyber war）がある。ハイブリッド戦争と同様、同概念についてもさまざまな定義があるが、例えば、全米研究評議会（NRC）は、サイバー戦争を「相手のコンピューター・システムやネットワーク、それにその中に組込まれたり送受信されているプログラムを変化させ、混乱させ、だまし、劣化させたり破壊したりするための――おそらく長期にわたる――意図的な行動」と定義している。

こうしたサイバー空間における行動は、カールトン大学（カナダ）教授のエリノア・スローンによれば、「コンピューター・ネットワークに対する攻撃」（CNA）と「コンピューター・ネットワークの搾取（exploitation）」（CNE）に分類できる。CNAが「サイバー攻撃」とほぼ同義であるのに対し、「スパイ活動」と一般的に理解される情報収集活動の一環として行われるCNEについては、実行者は、平時における相手のコンピューター・システムの働きを邪魔しようとは思っていない点に、両者の違いがある。

CNAの範囲に限定しサイバー戦争を定義付けた論者に、ランド研究所の研究員ジョン・アキーラとデイヴィッド・ロンフェルトがいる。彼らの一九九三年の論文によると、「サイバー戦争とは、軍事レベルにおける紛争に関する知識のことを示している。（…中略…）それは情報に関する原則に沿った軍事作戦のことであり（…中略…）それは情報・コンピューター・システムの妨害や破壊を意味している」。この中には「情報」が数回登場するが、範囲をCNAに限定せず、広く情報空間における戦い、すなわち情報戦が、将来戦の構成要素になるとの認識が一九九四年頃から国防総省や米軍内部で広がった。

情報戦に関する先駆的研究に、米国防大学の研究として発表されたマーティン・リビッキーの一九九五年の論文がある。リビッキーによれば、情報戦そのものが存在するわけではなく、情報戦とは、戦争を遂行するうえでのいくつかの技術の総称であり、それらの技術には、①敵の司令部などの軍事目標にCNAをしかける指揮統制戦、②インテリジェンス基盤戦、③電子戦、④心理戦、⑤民間の目標にCNAを行うハッカー戦、⑥CNEに該当する経済情報戦、⑦サイバー戦（cyber warfare）の七つがある。

リビッキーの研究は、その後の情報戦研究に多大な貢献をしたものだったが、一方で、情報戦の技術としてリビッキーが挙げた心理戦や電子戦などは、一九九〇年代以前からすでに存在したものであり真新しいものではないとの批判が起こり、また何よりも情報戦に関する理解が多岐にわたるという、概念上の問題もあった。

そのため、一九九〇年代後半になると、国防総省では「情報戦」の代わりに「情報作戦」（information operations）という作戦レベルの概念が使われるようになった。[48] 米軍内で、情報作戦は、「自らは敵の情報作戦から防護する対策をとりつつ、敵および潜在的敵対勢力の意思決定に影響を及ぼし、崩壊・混乱させるため、ほかの作戦と連携して情報関連の能力を統合して運用すること」と理解されている。[49]

積極工作

ハイブリッド戦争と同様、情報戦についても米国では作戦レベルの概念として語られてきたが、ロシアは、情報戦を戦略レベルで捉えている。ロシアが得意とする情報戦の手法に積極工作（アクティブ・メジャーズ）がある。

ロシアの積極工作の伝統はソ連時代にまで遡る。一九八〇年代、かつてのロナルド・レーガン政権下で米政府省庁横断の「積極工作作業部会」が冷戦終了まで存在していた。同作業部会の座長を務めた国務省幹部デニス・クックスの論文「ソ連の積極工作と偽情報」（一九八五年）によれば、積極工作とは「敵対者のイメージの失墜」および「ソ連の影響力の強化」を目的とする「偽情報作戦や政治的な感化、海外のフロント組織や共産党の活動を含む幅広い実践」であり、「欺瞞の要素を含み、多

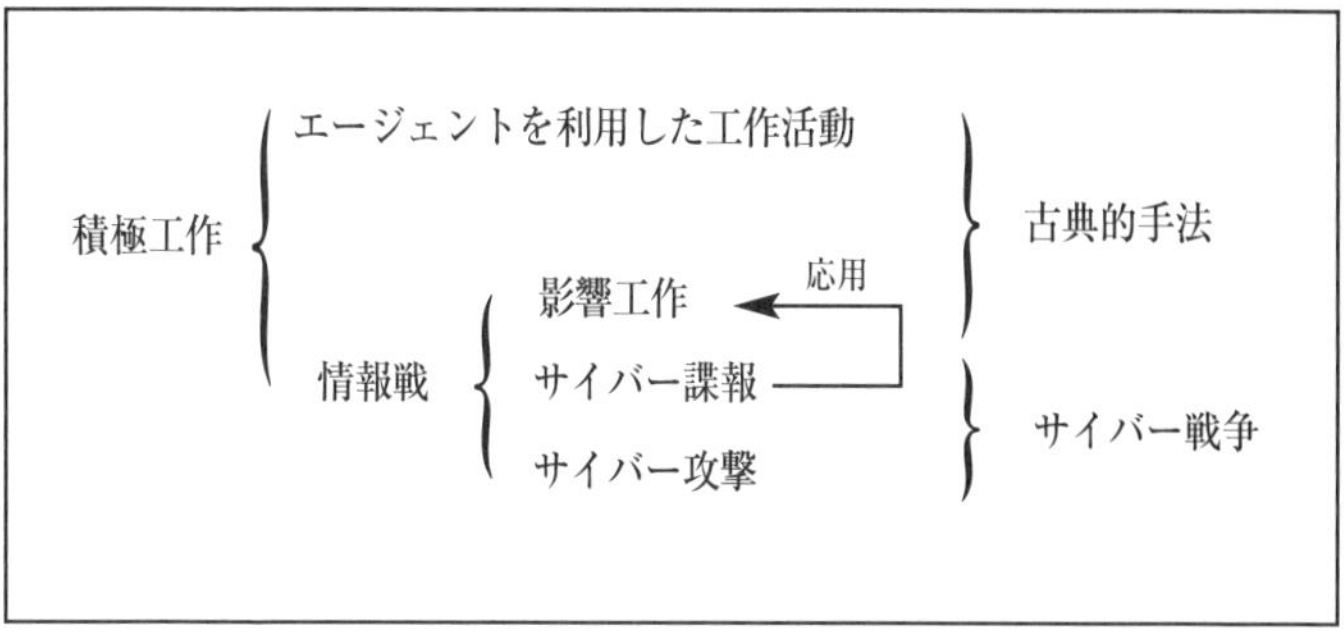

（出所）各種資料を基に筆者作成。

図7 積極工作と付随する諸概念

くの場合、モスクワの関与を隠蔽する秘密の手段を用いる」とされる。

外国世論に働きかけるという意味で、積極工作は西側の広報外交（パブリック・ディプロマシー）と同じようにみえるが、両者は根本的に異なる。広報外交は、外国世論に対し自国の外交方針への正しい理解を促す活動であり、それを助けるソフト・パワーは自国の魅力を発信して親近感の向上を狙いとする。一方、積極工作は、自国の魅力の発信ではなく、敵対国の政府や指導者への信用を低下させ、国民の不安や不満を助長することを重視する。[50]

こうした特徴を持つ積極工作と密接に関係する概念は複数存在する。先行研究において、これらの概念がどのような関連性にあるかについての明確な整理があるわけではないが[51]、筆者なりにまとめると図7のようになる。

影響工作

図7の中にある影響工作（influence operation）はサイバー戦争と並ぶ情報戦の構成要素として、近年、関心を集めている。サイバー戦争の分類について、すでに紹介したスローンによるCNAとCNEについては、おおざっぱにいえば、現在、一般的用語として定着している「サイバー攻撃」と「サイバー諜報」の用語とそれぞれ軌を一にしている。

二〇一〇年代以降になると、サイバー諜報という不正な手段により入手した各国政府、企業、個人などの情報をインターネット上で公開する暴露（リビール）型事案（インシデント）が多発するようになったが、サイバー諜報で入手した情報を、偽情報などと織り交ぜながら、SNSを通じて拡散し、各国の意思決定者や世論の思考や行動に影響を及ぼす工作を影響工作と呼ぶ。

影響工作をより深く理解するための諸概念には以下がある。

［反射統制］ 反射統制（reflexive control）とは、[52]「あらかじめ巧妙に作られた情報を敵対者に伝えて、当事者が望む意思決定を敵対者に自発的に行わせること」を指す。反射統制の手法が編み出された帝政ロシアでは、一九世紀後半から、皇帝暗殺を目論むアナーキスト（無政府主義者）に対する欺瞞を行うための「マスキロフカ」と呼ばれる情報術が帝政ロシアの秘密警察オフラナを中心に発明されていた。ニコライ二世の統治下の一九〇四年に創設されたマスキロフカの高級学校の教義内容は、

ロシア革命後のソ連の情報将校のマニュアルとなった過去があるなど、ロシアは反射統制を実践する能力に長けている。敵対者に働きかける反射統制の実践者には「敵対者に真の意図を隠す」目的があると指摘する。[53]

反射統制理論によれば、多様なチャンネル（経路）を通じてロシアのナラティブを拡散し、それらが少なくとも一部の西側メディアに取り上げられることが重要とされる。[54] なぜなら、それが成功すれば、ロシアのナラティブがさまざまな場で議論され、西側の政府が好まないようなロシアの行動に同情的な世論を西側社会内部で形成し、結果的に、ロシアの味方につけてしまうことが可能となるからだ。「ウクライナのNATO加盟を脅威と思ったロシアがウクライナ攻撃をしたことは、いたしかたない」というロシアのナラティブに寄り添うような言説が日本国内でも見られたロシア・ウクライナ戦争を想起するとよい。ロシア軍参謀本部軍事アカデミー講師のN・I・トゥルコが、「反射統制は従来の火力よりも軍事目的を達成するうえでより重要な情報兵器である」と述べているように、[55] ロシアは情報戦を遂行するうえで反射統制を非常に重視している。

［ナラティブ］ ロシアの影響工作は、その場限りの情報の拡散ではなく、巧妙に練り上げられた戦略的なものである。これを支えているのがナラティブ（物語）である。ナラティブとは、その場限りの「ストーリー」ではなく、説明する事象を特定の思想、理論、信念の中に位置づけ、世界観を形成

し、未来の行動に影響を与えるものである。フェイク・ニュースの拡散は、ナラティブを補強するために活用される。(56)

「ナラティブをめぐる戦い」の特徴について、ロシアの情報戦に詳しい佐々木元海将補は、実際に生起した事実をロシア側の都合のいいように選定し、それに彼らの信じる一方的な理を組み合わせてナラティブを創り上げ、情報戦――特に認知戦――を挑んでいると説明する。「ナラティブをめぐる戦い」の課題として、渡部悦和元陸将は、偽情報の拡散に対してはファクトチェックで無力化することができるが、ナラティブが組み合わさってくると、事実を争うファクトチェックとは違う次元の対処が必要となってくると指摘する。(57)

【認知戦】 二〇〇〇年代、4GWに次ぐ「第五世代戦争」(5GW)理論がCIA職員のロバート・デイヴィッド・スティールや米海兵隊のロバート・ハンメスらによって提唱されていた。彼らによれば、個人や小規模集団がバイオ技術やナノ技術で武装することで国家の枠組みを越えて彼らのイデオロギーや個人的目標を達成することが可能となり、その効果は国家が実行するものに匹敵するという。米北方軍のドナルド・リードは物理的(陸・海・空など)、情報(サイバーなど)、認知、社会(政治など)にまで紛争の領域が拡張していることを考えると、5GWは4GWをもはや超越していると指摘した。

ちなみに、5GW理論を提唱した一人であるスティールが、コロナ陰謀論にはまり二〇二一年にコロナ感染症で死去したことは何とも皮肉である。

この5GW理論が対象とする範囲が幅広いため、作戦上の概念に落とし込むことが困難だったことから、西側では5GW理論の研究が発展することはなかった。その代わりに登場した概念が、認知戦(cognitive warfare)である。

二〇二一年にNATOがホームページ上に掲載した認知戦の説明は次のようなものであった。すなわち、「認知戦においては、人間のマインドが戦場となる。その目的は、人々が考えていることはもとより、人々がどのように考え行動していくかに変化をもたらすことである。(…中略…)究極的に、認知戦は社会全体を分裂させバラバラにさせる可能性を秘めていることから、敵対勢力の意図に抵抗する集団的意思を持てなくなってしまう」[58]

敵対勢力が反射統制の一環で拡散するナラティブにひっかかり、認知戦の標的となるのは、政策決定の上位者、それらに影響力を持つ者、すなわち、各国の首脳、政治家、外交官、学者、記者、社会活動家のみならず、選挙や世論を通じて間接的に意思決定に影響を与える国民(有権者)である。また世論や意思決定を敵対勢力に有利な方向へ誘導する者は、「インフルエンス・エージェント」(影響力の代理人)、中でも自覚のない者は「使える馬鹿」(useful idiot)と呼ばれる。[59]これは、かつてFBI(連邦捜査局)初代長官エドガー・フーバーが規定した「デゥープス」とほぼ同義である。ソ連の共産主義運動に対峙していたフーバーによれば、デゥープスとは、共産主義の影響工作に無自覚のまま、共産主義運動に協力してしまう者を指し、「平和」や「人権」を唱道する者に多く見られる。

以上の特徴を持つ情報戦は、ロシア・ウクライナ戦争に鑑みると、軍事力を直接使用した通常戦争――「有事」――において駆使されるものであることは指摘するまでもないが、通常戦争でなくとも、ハイブリッド戦争――「平時」～「グレーゾーン」――を効果的に遂行するための重要な構成要素の一つとなっている。

ここまでまとめてきたハイブリッド戦争、情報戦の理論を踏まえ、第2章では事例分析を行う。ロシアは「平時」の段階から米国に情報戦をしかけ米国内政治を混乱させ、一部の米国民の手により二〇二一年一月に連邦議会議事堂が襲撃されるまでの下地を作った。二〇二二年二月以降のロシア・ウクライナ戦争という「有事」の状況下で、第三国である日本においてもロシアの情報戦の効果が表れている。

これまであまり事例研究がなされてこなかった日米にしかけられたロシア発のハイブリッド戦争の事例分析を第2章で行うこととしよう。

第2章　ロシアがしかけるハイブリッド戦争

第一節　ロシアの情報戦体制

「ペレストロイカのエージェント」を探して

一九九一年一二月二五日、モスクワ。

クリスマスの夜、クレムリンのドーム型のポールから槌と鎌の赤いソ連国旗が引き降ろされ、ソ連の後継国家ロシアの白青赤の国旗が掲げられた。ソ連崩壊から新生ロシアへの「唯一の移行セレモニー」は、わずか三五秒間の瞬間ドラマとして終わった(60)。

米ソの直接武力衝突が起きることなくソ連は崩壊し、冷戦は終結した。冷戦終結の原因については諸説あるが、「強さを通した平和」を掲げたレーガン第一期政権（一九八一～八五年）の対ソ強硬路線と一九八五年にソ連共産党書記長に就任したミハイル・ゴルバチョフのペレストロイカ（建て直し）や新思考外交、そしてゴルバチョフのソ連との協調に転じたレーガン第二期政権（一九八五〜八九年）を抜きに冷戦終結は語れない。[61]

なぜ偉大なるソ連は崩壊したのだろうか。ゴルバチョフの推し進めたペレストロイカがまずかった。ではなぜソ連のエリートはゴルバチョフのペレストロイカを支えたのだろう。ソ連の外の世界と接触したソ連のエリートが西側の価値観を抱くようになったからか。[62] 一九七五年に創設されたCSCE（全欧安保協力会議）の枠内で、人権規範がソ連国内に浸透してきたことが原因なのだろうか。[63] いや、そもそも偉大なるソ連は米国の政治戦の脅威に第二次大戦以降、常にさらされていた。ソ連は米国との政治戦に敗れたということなのか。

かくしてソ連崩壊後のロシアでは「ペレストロイカのエージェント」がソ連を崩壊させたとの認識がエリートから市民にまで拡大した。西側に親近感を抱く「影響力の代理人」が内部からソ連を崩壊させたに違いない。ソ連崩壊後のロシアは陰謀論的にこう考えるようになった。[64]

ロシアの陰謀論的世界観

ロシア社会における陰謀論の蔓延にはそれなりの歴史がある。その起源は一八世紀後半にまで遡る。一七八九年七月に始まったフランス革命と革命勢力による国王ルイ一六世の処刑は、フランスと同様に君主制国家だったロシアに衝撃を与えた。フランス革命の黒幕は秘密結社フリーメイソンだったという陰謀論が西欧で生まれると、早速これがロシアにも及んだ。

一九世紀に入り、クリミア戦争（一八五三～五六年）でロシアが英国、フランス、オスマン帝国に敗北すると、ロシア社会の後進性が敗北につながったと考えた皇帝アレクサンドル二世は自由主義的な近代化改革に取り組んだが、これに国内のスラブ派が反発した。一八八一年のアレクサンドル二世暗殺後に皇帝となったアレクサンドル三世は前皇帝への反動からスラブ派を含む保守勢力を政治の中枢に取り込んでいく。この時期に活躍したスラブ派の論客アレクセイ・ステパノヴィッチ・ホミャコーフは、自由主義的改革を行うと、ロシアは「西欧の植民地」に成り下がってしまうため、ロシアに必要なのは自由主義的改革ではなく、「精神的生まれ変わり」であると主張していた。

一九一七年のロシア革命で帝政ロシアが崩壊するとレーニン率いるボリシェビキはソ連成立を目指したが、ウクライナ西部を中心とする反ボリシェビキ勢力の抵抗や日米英仏を中心とする対ソ干渉戦争もあり、ソ連が成立するまで最終的に五年もかかった。ソ連が成立してもなお、ソ連指導部は「革命の敵」や、ソ連を崩壊させようと企む「他者」を国の内外に求めた。そして第二次大戦後に始まった米国との冷戦である。

冷戦を迎えたこの頃のソ連国内では、ソ連を崩壊させようと企む「他者」として「アングロ・サクソン」（米英）とユダヤ人がやり玉に挙げられた。(65) 米英のみならずユダヤ人がターゲットとなった理由として、ユダヤ人がフリーメイソンと結託し世界を支配しようと陰謀を画策しているとした偽書『シオン賢者の議定書』を帝政ロシアの秘密警察オフラナが一九世紀末に捏造しロシア国内で反ユダヤ主義が蔓延していたという背景があった。

やがて、『シオン賢者の議定書』は各国語に翻訳され、それぞれの国に都合よくユダヤ陰謀論が活用された。ボリシェビキ革命を警戒する米国、英国、フランス、ポーランドなどでは、ロシア革命はユダヤ人の陰謀であり、ユダヤ人は国際共産主義運動の担い手であるという陰謀論が広がった。(66) 対ソ干渉戦争後の日本国内でも『シオン賢者の議定書』が普及し、現在に至るまでの日本におけるユダヤ陰謀論の源流となった。前述のガザ地区を実行支配するイスラム過激武装テロ組織ハマスのハマス憲章第三二条にも『シオン賢者の議定書』が引用され、ユダヤ人がパレスチナを越えてナイル川やユーフラテス川にいたる領域を支配する計画を持っていると記載されている。(67)

第1章で紹介したように、二〇〇〇年代になるとロシアは旧ソ連圏における「カラー革命」を目の当たりにし、さらに陰謀論的世界観に固執していく。「ソ連崩壊は二〇世紀最大の地政学的悲劇」と考えるプーチンにとってみれば、自らが率いるロシアが米英やユダヤ人などの外部勢力によって打倒されることは何としても避けたい。

そんなプーチンのロシアに、情報戦遂行能力を身に着ける必要性を訴えた人物の一人にイーゴリ・パナーリンがいた。ソ連KGB（国家保安委員会）元職員で、ロシア外務省付属外交アカデミー国際関係学部長を務めたパナーリンは、米国のジャーナリスト、ティム・ワイナー曰く、「多くの人間から先見の明がある人物と見なされ、一部の人間からは半分イカれていると見なされた」人物であった。そんなパナーリンはCIA主導の情報戦がゴルバチョフの出現とソ連崩壊を引き起こしたとし、冷戦の続編としてすでに米国はロシアに新たな攻撃をしかけていると主張していた。(68)

こうした流れを受けて、ロシアは情報戦遂行能力を充実させていくことになる。

ロシアの情報戦の手段

第1章で確認したように、サイバー攻撃は、相手のコンピューター・ネットワークを機能不全に陥れることのみならず、究極的には標的のシステムを物理的に破壊する行動までも想定している。後者に関連するサイバー兵器については、米国のNSA（国家安全保障局）とイスラエル国防軍情報部の通信情報収集を専門とする「8200部隊」が協力して作成したと言われる「スタックスネット」が有名だ。イランの核開発阻止を目標に、二〇〇九年から一年間、米国とイスラエルは「スタックスネット」を用いてイラン国内のウラン濃縮施設の遠心分離機およそ一〇〇〇台を破壊した（オリンピック・ゲームズ作戦）。

「最も高性能なサイバー兵器」と評されるスタックスネットを超える兵器は現時点で存在しない。ただ、物理的破壊を目標としないまでも、相手のコンピューター・ネットワークを機能不全に陥れるサイバー攻撃の手段についてロシアは実戦済みである。その手段とは、ＤＤｏＳ（分散型サービス拒否）攻撃である。

ＤＤｏＳ攻撃とは、攻撃目標システムに処理能力以上の大量のパケット（小さなデータのかたまり）を送りつけ相手のシステムやネットワークを麻痺させ、正規の利用を妨害する攻撃である。前著『ハイブリッド戦争の時代―狙われる民主主義』（二〇二一年）で事例として取り上げたように、ロシアはＥＵへの接近やＮＡＴＯ加盟を目指すウクライナ、モンテネグロ、北マケドニアなどにＤＤｏＳ攻撃を組み合わせたハイブリッド戦争を展開した。

やがてロシアは、このような相手のコンピューター・ネットワークの物理的破壊や機能不全を目標とするサイバー攻撃だけでなく、影響工作への関心を深めていくこととなる。そのきっかけとなったのは、二〇一〇年代に発生したいくつかの事件であった。

まず、オーストラリアの元ハッカー、ジュリアン・アサンジが二〇〇六年に創設した、各国政府や企業などの機密情報を匿名で告発するウェブサイト「ウィキリークス」が二〇一〇年に機密情報を次々と暴露した事件があった。同年四月、イラクの首都バグダッド上空のヘリコプターから米軍がイラク市民を銃撃した事件（二〇〇七年に発生）の映像が公開されたのを皮切りに、アフガニスタン戦争の機密文書およそ九万点（同年七月）、イラク戦争の機密文書およそ四〇万点（同年一〇月）、各国要人のスキャンダラスな発言も含む米国の外交機密文書およそ二五万点（同年一二月）がウィキリークス上で次々と公開された(69)。

二〇一三年にはNSAの元職員エドワード・スノーデンが米国政府による情報収集活動の実態を暴露したスノーデン事件が発生した。「情報の自由」を掲げる政治的ハッカー集団「アノニマス」の活動が活発化したのもちょうどこの頃であった。アサンジやスノーデンはリバタリアン（自由至上主義）、アノニマスはアナーキズム（無政府主義）の立場から、機密情報を暴露したが、こうした行動によって米国の国際的信用が大きく揺らいだことは、ロシアにとっての興味深い教訓となった。

ロシアの情報戦アクター

こうしてロシアは、情報戦の中でも特に影響工作に従事するアクターを充実させるにいたった。その代表的なアクターの一つに、GRU（ロシア軍参謀本部情報総局）がある。GRUの母体はロシア革命からソ連成立の間に扇動を主たる目的に設立された。ソ連崩壊によってKGBが組織として解体したことで、GRUはロシア最大のインテリジェンス機関となった。

GRUはロシアの「民間」のサイバー攻撃集団とのつながりを持つかたわら、独自の専門部隊も有している。代表的なものとして、「26165部隊」は暗号解読とハッキング、つまりはサイバー諜報を専門とし、「74455部隊」は諜報活動で得た機密情報や偽情報をSNS上で拡散する影響工作を担っている。

もう一つのロシアの代表的な情報戦アクターは、IRA（Internet Research Agency）である。二〇一三年七月、IRAはロシア人実業家エフゲニー・プリゴジンの出資を受け設立された。プリゴジンは、ロシア・ウクライナ戦争で暗躍するロシアの準軍事組織「ワグネル」の創設者としても有名であり、「ワグネルの乱」（二〇二三年六月）後の飛行機墜落事故（同年八月）で死亡したとされる。

サンクトペテルブルクを本拠とするIRAは、「トロール（ネット荒らし）工場」として知られているように、対象国とする社会の分断を目標として、SNS上で偽情報を拡散することを得意とする。IRAがロシア政府と深い関係を持っていることは指摘するまでもない。二〇一四年四月頃、IRAは米国を標的とする新しい部門「米国局」を作り、英語を得意とするネット知識の豊富な若い従業員を訓練し、二〇一六年米大統領選挙を標的に影響工作の準備にとりかかった(70)。

第二節　米国にしかけられた情報戦

暴露

ここで、いったん舞台は東欧へ移る。

二〇一三年秋のウクライナはEUとの政治・経済上の関係強化を目的とする連合協定の調印問題をめぐり揺れていた。一一月二一日、ビクトール・ヤヌコーヴィチ大統領がEUとの交渉中止を発表すると、これに反対する市民の抗議活動が首都キーウの独立広場で発生した。一一月三〇日、ヤヌコーヴィチ政権は内務省管轄の特殊部隊「ベルクート」を展開し、独立広場での市民の抗議活動に断固とした措置をとった。

政権と市民の対立が先鋭化していた一二月一一日、ビクトリア・ヌーランド米国務次官補（ヨーロッパ・ユーラシア担当）はキーウを訪問し、ヤヌコーヴィチと会談した後、抗議活動に参加する市民と交流の機会を持った。

年が明けた一月二七日、ヌーランドは駐ウクライナ米大使ジェフリー・パイアットに電話をかけ、緊迫化するウクライナ情勢を受け、ヤヌコーヴィチ後のウクライナの指導者として誰がふさわしいかについて率直なやり取りを行った。同時に、この問題に対して国連が関与するヌーランド自身のアイデアも披露した。

「この問題を解決するのに（筆者註：米国が）手を貸して、国連にこれを解決するのを手伝わせたら、素晴らしいでしょうね。そうしたら、ねえ、EUなんかくそくらえよ」

「その通りだな」。パイアットは言う。「国連に協力させるために何かしなければならないと思う。あなたもそう思うだろうが、あそこが高度を上げ始めると、ロシアの方はそれを吹き飛ばすように裏で動くだろうから」

この後、ロシアがそのような動きを見せるとは、ヌーランドもパイアットも知る由もなかった。

ロシアのインテリジェンス機関はこの会話を傍受していた。二月四日、電話の録音が「Re Post」というアカウントによってYouTubeに投稿された。ロシア側の情報戦が始まろうとしていた。

電話の暴露の効果は絶大だった。ウクライナ問題をめぐり、EUをののしる発言をした米国とヨーロッパの間に楔を打ち込むことができた。そればかりでない。ヌーランドの夫はネオコン（新保守主義）の論客ロバート・ケーガンだった。ネオコンはイラク戦争とイラクの体制転換を唱道したこともあり、米国やEUが、ウクライナの体制転換を企図しており、こうしたネオコンやグローバリストによる主権国家への攻撃を阻止するためにロシアは行動を起こす必要があるというロシア側のナラティブを創り上げるのには非常に好都合だった。

余談

ここで話題が脇道にそれるが、二〇一三年前後のウクライナがアイデンティティ・ポリティクスで揺れていたのは、二〇〇四年のオレンジ革命で落選したヤヌコーヴィチが次の当選を目指した彼の選挙戦略が原因だった。オレンジ革命後、ヤヌコーヴィチは自身のイメージアップを図ろうと、米国の政治コンサルタント、ポール・マナフォートを雇った。マナフォートの助言を受けたヤヌコーヴィチは髪型を整え、見栄えの良いスーツを着て、両手を使って話をするなどスタイルを変えたにとどまらなかった。

ヤヌコーヴィチは、一部の国民がアイデンティティの危機にあると訴えた。彼は文化の違いを強調し、政治を動的なもの（何を行うか）ではなく静的なもの（どんな存在か）にする政治戦略に出た。ロシア語はウクライナの政治や経済の主要言語で、同国の資源を牛耳る者たちの第一言語でもあったが、オレンジ革命後のウクライナではロシア語話者が困難を抱えているとおおげさに言いふらしてみせた。

マナフォートがヤヌコーヴィチに伝授したこの政治戦略は、かつてリチャード・ニクソン以来、米国南部に住んでいる人種問題――黒人への積極的差別是正措置の導入など――をめぐる白人の不満を共和党が吸い上げるために行った「南部戦略」と同じ手法であった。二〇一〇年にヤヌコーヴィチは大統領に当選したが、その結果起きたのは、キーウでの騒乱とロシアのハイブリッド戦争だった。

ちなみに、その後マナフォートはトランプの選挙対策本部長となったが、マナフォートがヤヌコーヴィチから一二七〇万ドルの帳簿外の現金を受け取っていたことが理由で辞任すると、トランプの選挙対策本部の最高責任者に右派のイデオローグであるスティーブ・バノンが就任した。(71)

準備

話を元に戻そう。いよいよロシアは、米国を情報戦の標的として直接定めた。

黒人初の大統領バラク・オバマ政権下の米国は、人種、銃規制、性的少数者、移民など、国民のアイデンティティに関わる多くの問題を抱えており、ロシアは、米国社会に横たわるこうした問題を情報の力で先鋭化させ、米国社会を分断させる情報戦の準備に着手した。

二〇一四年夏、IRAの二人の女性職員アレクサンドラ・クリロヴァとアンナ・ボガチェヴナは、カリフォルニア、ネバダ、ニューメキシコ、コロラド、イリノイ、ミシガン、ルイジアナ、テキサス、ニューヨーク各州で三週間にわたる偵察活動を行い、SNS投稿用の写真を撮影し、米国社会の分断状況を調査した。

ここでの調査結果を踏まえ、二〇一五年春、IRAはある実験を行った。所定の日時にニューヨークのとある場所でホットドックを無料配布するという偽の告知をFacebookに投稿したのである。やがて、ニューヨーク市民数名が所定の場所に集まってきた。その様子をニューヨークのライブカメラ映像を通してIRAは確認した。六〇〇〇キロ以上離れたロシアから米国民をいとも簡単に情報の力で操ることが可能なことが、これで実証された。

それから間もなく、二〇一五年六月一六日、トランプが大統領選挙への立候補を表明したことはロシアの情報戦にとって追い風となった。SNSを駆使し、歯に衣着せぬ物言いで支持を拡大させるトランプの登場を受け、IRAは、米国社会における「右翼」、「左翼」、「黒人」の三つの「戦線」を標的に、SNS上で集中的に情報戦を開始した。

ＩＲＡの攻撃開始

「右翼戦線」において、ＩＲＡは黒人大統領であるオバマ自身や、彼が推進している移民やイスラム教徒、性的少数者に寛容な政策を痛烈に批判するコンテンツをＳＮＳ上で展開し、米国民の右派や保守派がトランプ支持に回るような影響工作を行った。「黒人戦線」では、黒人有権者に白人への憎悪や恐怖心を掻き立て、選挙をボイコットするよう呼びかけた。

どちらの前線でもＳＮＳ上で多くの偽の人格が創り上げられた。例えば、右翼戦線で、ＩＲＡはツイッターでテキサス在住の偽の人格〈パメラ・ムーア〉のアカウント（@Pamela_Moore 13）を開設し、移民や不法入国者よりもホームレスの退役軍人への福祉の重要性を訴えた。テキサス在住の偽の人格〈ジョン・デーヴィス〉のアカウント（@TheFoundingSon＝建国の息子）では、市民の銃所持の権利が記されている合衆国憲法修正二条支持、退役軍人擁護、反イスラム、反ヒラリー・クリントン関連のコンテンツが多く投稿され、選挙前までに米国内のネット民との間で三五万五〇〇〇件のやりとりがなされた。

ＩＲＡは、Facebook上でも、右派や保守派の米国民の心を鷲掴みにした偽の人格〈テキサスの心〉で、連邦政府への不信感を掻き立てる偽情報の拡散を行った。具体的には、二〇一五年七月一五日から二か月間、テキサスからカリフォルニアまでの七州で、米陸軍特殊部隊グリーンベレーや米海軍特殊部隊ネイビーシールズが参加する非正規戦を想定した大規模演習「ジェイド・ヘルム１５」が実施されたが、ＩＲＡは、「ジェイド・ヘルム15」が、「中国のテキサス占領のための心理戦計画」、「市民から銃を奪う国連の陰謀」、「共和党員を一網打尽にするためのオバマのコマンド計画」であるといった陰謀論を拡散した。二五万人以上のフォロワーを持っていた〈テキサスの心〉が拡散した陰謀論は、米国内の一般市民のみならず有力政治家の頭の中にまで深く入り込んだ。共和党のテキサス州知事グレッグ・アボットは連邦軍を監視するため、州兵の動員を命じ、当時、共和党の大統領候補であったテキサス州選出の上院議員テッド・クルーズがオバマは信頼できないため、国防総省を徹底的に調査しているところと発言するありさまだった。

「黒人戦線」で、ＩＲＡはInstagram上の偽の人格〈目覚めた黒人〉を用い、「トランプに対する特定の誇大広告や憎しみは、人々を誤った方向に導き、黒人にキラリー──「ヒラリー」と「キラー」（殺人鬼）をかけ合わせた蔑称──票を投じさせる。我々は二人の悪魔のうちのましな方に頼ることはできない」と主張し、選挙ボイコットを訴えた。また、ＩＲＡは、「いいね！」やコメント、シェアなど合計一一二〇万回のやりとりを行うこととなったFacebookのページ〈ブラックティビスト〉で、ヒラリーが白人至上主義団体ＫＫＫから献金を受けているなどの偽情報を拡散し、白人への憎悪や恐怖心を煽り、トランプを嫌悪する黒人がヒラリー支持に回ることを阻止しようとした。

「左翼前線」におけるロシアの目的は、プーチンが長年嫌っていたヒラリーを打ち負かすことだった。そのため、ＩＲＡは単にヒラリーを攻撃するだけでなく、民主党支持者に選挙ボイコットを呼びかけ、さらに泡沫候補だった緑の党のジル・スタインを持ち上げるための影響工作を行った。

実質的にスタインはロシアの「影響力の代理人」だった。そもそもスタインが大統領選挙への立候補を表明したのは、ロシア国営メディアRT（ロシア・トゥデイ）の米国向けチャンネルだった。二〇一四年のウクライナ危機について、「米国が民主的に選出された政府に対するクーデタを扇動するのに手を貸した」、「ウクライナは超国家主義者と元ナチが権力の座についた」と繰り返し発言していた彼女は「ヒラリーへの投票は戦争への投票」とも主張しており、RTは米国向けチャンネル上で百回以上も彼女の立場を放送した。選挙当日、彼女は一四五万七二一六票を獲得した。ミシガン州、ペンシルベニア州、ウィスコンシン州のスタイン票はトランプの勝差を上回っていた。

GRUの攻撃開始

IRAが米国社会に直接、影響工作をしかけ、大統領選挙を控えた米国社会の分断が深刻になりつつあった二〇一六年三月一〇日、GRUの「26165部隊」はヒラリーの選挙対策本部をサイバー課報の標的に定め、七〇以上の選挙対策本部職員のメールアドレスにフィッシングメールを送りつけた。標的の中には、選挙対策本部長ジョン・ポデスタも含まれていた。

三月一九日、ポデスタの部下は、グーグルの特徴的なレイアウトに、「何者かがあなたのパスワードを入手しています（…中略…）すぐにパスワードの変更をお勧めします」と書かれたメール本文に目を通した。ポデスタの部下は、選挙対策本部のITヘルプデスクに転送し、数分後、同メールを脅威と認める内容の返信があった。ITヘルプデスクは、パスワードを変更し、さらに強化されたセキュリティ対策をとるようポデスタ側に勧告した。

ここで致命的な過ちが犯された。ITヘルプデスクの担当者は、そのメールが偽物だと見抜いていたが、ポデスタの部下に返信する際、「偽物」(illegitimate)と書くつもりが「本物」(legitimate)と書くという、とんでもないタイプミスをしてしまった。メールを受け取ったポデスタの部下は、返信メールにあったITヘルプデスクが知らせた安全なグーグルへのリンクではなく、GRUへのリンクをクリックしてしまった。GRUが偽造したグーグルのページそっくりの入力欄に、ポデスタのアカウントの新たなパスワードが入力された。

二日後、「26165部隊」はポデスタの受信箱から五万通のメール、五ギガバイトのデータをダウンロードした。ここで得た情報を基に、「26165部隊」は新たにDNC(民主党全国委員会)も標的にし、一〇〇通以上のフィッシングメールを送りつけた。

四月一二日、GRUは下院の民主党議員を支援する組織DCCC(民主党議会選挙委員会)のネットワークへの侵入経路を発見した。GRUはハッキングツール(X-Agent)をDCCCの少なくとも一〇台のコンピュータにインストールした。これにより、X-Agentがインストールされた端末利用者のキー入力や画面の表示内容すべての活動を遠隔でいつでも監視することが可能となった。六日後、

GRUは、DNCのネットワークへのログイン権限を持っていたDCCC職員の個人情報を盗み出すことに成功し、以降、DNCから直接、電話やボイスメールも含む大量の情報を持ち出した。

「26165部隊」に代わり、ここからは影響工作を担当する「74455部隊」の出番だった。四月一九日、GRUはヒラリーに関連する大量の情報を暴露するためのウェブサイトDCLeaks.comを開設した。それから間もなく、「74455部隊」はDCLeaks上で、民主党陣営の情報を公開し始めたが、DCLeaksに関心を寄せる米国のネット民の数は、そう多くはなかった。

そこで「74455部隊」は社会的インパクトのあるウィキリークスに手を伸ばした。リバタリアンの政治的信条を持つアサンジは協力的だった。一〇月七日、ウィキリークスは、GRUから渡されたヒラリー関連のメールを一〇〇〇から二〇〇〇通ずつ小出しに公開し始めた。暴露行為は選挙当日まで毎日続いた。公的メールのみならず私的メールも暴露されることになったクリントン陣営には、世間的・心理的圧力が大きくかかった。トランプはといえば、「ウィキリークス！私はウィキリークスが大好きだ」（一〇月一〇日イベント）と発言し、状況を面白がった。

結果、二〇一六年一一月九日、トランプがヒラリーを制して第四五代大統領に選出された。

選挙当日、これまでの一連の情報戦に加担したロシア人たちはこんな言葉を交わしていたという。

「俺たちが、米国を偉大にしたんだ」

その後公表された米国家情報長官室報告書（二〇一七年一月）、米司法省モラー特別検察官の調査報告書（二〇一九年三月）、米上院情報特別委員会報告書（二〇二〇年八月）は、いずれも、機密情報の窃取と暴露、影響工作などを通じて、ロシアは二〇一六年大統領選挙に介入したと結論づけている。

連邦議会襲撃

二〇一六年大統領選挙におけるロシアの情報戦の影響はその後も尾を引いた。大統領選挙を経て、米国内では政治的主張をめぐるさまざまな分断状況が固定化し、先鋭化した。それればかりでない。米国内ではディープ・ステート（闇の政府）論に代表される陰謀論が深刻なまで蔓延した。先ほど紹介したロシアの選挙介入に関する一連の報告書は、結局、トランプとロシアの間の共謀はなかったと結論づけているが、二〇一七年以降、民主党はロシアの情報戦とトランプとのつながりの疑惑を「ロシア・ゲート」と糾弾し、これにトランプや支持者は、ディープ・ステートによる陰謀と非難した。

ディープ・ステートやグローバリストと戦う「救世主」トランプの下、「米国を再び偉大にする」ことを目論む右派の陰謀論者バノンやルドルフ・ジュリアーニ、シドニー・パウエルらが大統領上級顧問や弁護士の立場でトランプや彼を支持する陰謀論者たちと個人的関係を持ったことは状況をさらに悪化させた。

こうして迎えた二〇二〇年大統領選挙でトランプはバイデンに敗北した。米国家情報会議報告書（二〇二一年三月）が指摘するように、四年前とは異なり、ロシアは大規模なサイバー諜報をせず、すでに深刻化していた米国社会の分断を先鋭化させるための影響工作を中心とした情報戦をしかけた。

二〇二〇年一二月三〇日、先月の「不正選挙」の結果に納得のいかないトランプはバノンと電話で会話した。「大統領はワシントンDCに帰らなければなりません」と言うバノンは、投票集計が行われる来年一月六日に注目するようトランプに助言し、こう言った。「人々は行くでしょう。ここでいったい何が起きているのだと。我々は一月六日にバイデンを葬る。やつを葬り去る」。上院議長を兼ねるマイク・ペンス副大統領が集計を拒否すれば「不正選挙」の結果は覆せる。トランプはバノンの助言を受け入れた。

年が明けた一月六日午前八時一七分、トランプはツイートした。「やれ、マイク。思い切って勇気をふり絞るときだ！」

午前一〇時を回った頃、トランプはペンスに電話をした。

「まもなく議事堂へ行きます。（…中略…）議事堂へ行ったら、私は自分の仕事をやります」。そうペンスは大統領に言った。

「マイク、これは正しくない」。トランプは説得を続ける。

「マイク、君ならやれる。やってくれるのを当てにしている。やらなかったら、私は四年前の人選を誤ったことになる」。トランプはさらに語気を強める。「君は怖気づいたのか！」

正午、ホワイトハウス近くの広場でジュリアーニがトランプ支持の数千人の群衆を前に演説を始めていた。「決闘裁判をやろう！」

やがてトランプも合流し、こう語った。「弱かったら国を取り戻すことはできない。力を見せなければならないし、強くなければならない」。そしてこう言った。「ここにいる全員がまもなく平和に、そして愛国者的に、議事堂へ行進していって、諸君の声に耳を傾けるよう仕向けるはずだということを、私は知っている」

午後一時に差しかかる頃、ペンスは二頁の書簡を公表した。書簡にはこう書かれていた。

憲法を愛し、それを構築した人々を敬愛する一歴史研究者として私は、上下両院合同会議中の集計においてどの票を数えるべきかを決める一方的な権限が副大統領に付与する意図が、私たちの国の設立者たちにあったとは信じておりません。また、米国の歴史上、いかなる副大統領も、そのような権限を行使したことはありませんでした。ですから、神よ、私を救いたまえ。

トランプの演説を聞き興奮した群衆は議事堂へ向かった。ワシントンDCに雲のかかり始めた寒空の午後のことであった。やがて約八〇〇人の暴徒が議事堂への襲撃を開始した。この時の衝撃は、いまさら繰り返すまでもない。暴徒化した米国民が、米国の民主主義の象徴たる議事堂を襲撃する映像は、世界中のメディアで取り上げられ、米国の国際的信用は地に落ちた。

この日、ロシア政府とつながりがあると思われる、あるアカウントにこのようなツイートがあった。

「帝国が崩壊していくさまは、なんとも美しい」

ロシアは、サイバー諜報で窃取した情報の暴露などの工作をせずとも、陰謀論を含む偽情報の拡散を主とする影響工作を継続的にしかけるだけで、回復不能なレベルにまで米国社会の分断に拍車をかけ、首都を米国民の手によって攻撃することが可能であることを実証したのであった。

第三節　日本にしかけられた情報戦

「旅の道連れ」

米国の力の凋落を後目に二〇二二年にロシア・ウクライナ戦争が始まった。地上では塹壕戦が繰り広げられ、陸と空を中心に火力と火力のぶつかり合いが顕著なロシア・ウクライナ戦争は二度の大戦を彷彿させる古典的な戦争の様相を呈している。一方、ロシア・ウクライナ戦争では、二度の大戦とは異なり、世界中で情報戦が進行し、日本を含む第三国におけるロシアがしかける影響工作の効果が確認できる。(72)

戦争開始後、日本の論壇では、結果的にロシア寄りと評価されるナラティブを、政治家、大学教員、言論人などが相次いで発信しているが、これはロシアの情報戦の影響を受けてのものである。

二〇二三年六月九日、在日ロシア大使館で「ロシアの日」（六月一二日）にちなんだレセプションが開催された。日本の政財界、文化、報道関係者も多数参加したこのレセプションで乾杯の音頭をとったのは鳩山由紀夫（友紀夫と改名）元首相であった。ほかにも鈴木宗男、佐藤優、篠原常一郎も参加するなど、その筋の「スター」が在日ロシア大使館に勢ぞろいした。

鳩山はフーバーが整理したデゥープスと捉えられる人物である。鳩山は、二〇一二年、日本政府の反対を押し切り核開発で揺れるイランを訪問したり、二〇一五年には韓国を訪問し西大門刑務所跡地の記念碑前で土下座をするなど、「平和」や「人権」の「お一人様外交」を熱心に行っている。鳩山がロシア大使館のレセプションに参加したのも、後述するように、彼の頭の中ではあくまでも「平和」活動の一環であった。

デゥープスと片付けられる鳩山とは異なり、厄介なのは鈴木、佐藤、篠原たちである。「日本維新の会」所属（二〇二三年一〇月に除名）の鈴木は、ロシアとの平和条約締結と北方領土問題解決をライフワークとしており、「プーチン大統領が就任後に会った初めての外国の政治家は私」と、とにかくロシアとのコネクションを前面に押し出し政治活動を行っている。

戦争が勃発した際、「挑発したのは西側」と自身のブログやニュース番組でしきりに主張し、それはまるでロシアの代弁者のようであった。西側からの武器支援を要請するゼレンスキー大統領に対して、二〇二二年六月一六日のブログで、「国力からしてロシアと1対1の戦いでは、その差は明らかである」、「自前で戦えないのなら潔く関係諸国に停戦の仲立ちをお願いするのが賢明な判断と思うのだが」と「上から目線」で説教をしている。

興味深いことに、『SPUTNIK日本』は同日付のオンライン記事にて鈴木のブログの内容を紹介している。ちなみに、『SPUTNIK』はロシア政府系メディアである「ロシアの今日」の傘下にある通信社で、SPUTNIKのロシア語の意味は「旅の道連れ」、「同伴者」である。

「知の巨人」

冷戦後、鈴木と共に日本の歴代政権の対ロシア外交の実質的ブレーンを演じたのが佐藤である。「元外務省主任分析官」の肩書で「作家」として活躍している佐藤は幅広い読者層を対象にしたあらゆるジャンルの書籍を精力的に刊行する「知の巨人」である。

そんな佐藤は、ロシア・ウクライナ戦争についてのロシア側のナラティブを拡散している。鈴木との共著『最後の停戦論―ウクライナとロシアを躍らせた黒幕の正体』（徳間書店、二〇二三年）で佐藤は、黒幕の正体である米国が戦争を「管理」し、ウクライナを勝たせることのない武器支援を行い、ウクライナを利用してロシアを弱体化させることを目論んでいると指摘している。

佐藤は元NHK記者の手嶋龍一との共著『ウクライナ戦争の嘘―米露中北の打算・野望・本音』

（中公新書ラクレ、二〇二三年）でも、米国が用意周到にしかけたウクライナ戦争により、武器の「在庫一掃セール」を行う米国の「軍産複合体」は「特需」にあるとし、やはり、米国が戦争の「管理人」だと喝破している。また、日本のメディアが頻繁に情報源として利用しているISW（戦争研究所）は、設立者がキンバリー・ケーガンであることから、ネオコン系研究所であり、また、出資社がジェネラル・ダイナミクスを含む防衛請負業者であるISWは、「軍産複合体」に都合のよい情報を垂れ流していると、「鋭い分析」を披露している。キンバリー・ケーガンの夫はフレデリック・ケーガンであり、フレデリックの兄が前述のロバート・ケーガンであることが、ISWがネオコン系研究所であるという佐藤の根拠である。ISWのホームページを訪問すればすぐに分かることだが、ISWによる戦局分析は、ロシア語を含む多言語で書かれたさまざまな公開情報を基にしたOSINT（オープンソース・インテリジェンス）の成果物であり、佐藤や手嶋が言うような、「軍産複合体」に都合のよい情報を垂れ流しているわけではない。

こうした佐藤の発言は、実は、彼オリジナルのものであるというよりは、ロシア政府の主張をなぞっているものである。この事実は、佐藤著『よみがえる戦略的思考—ウクライナ戦争で見る「動的体系」』（朝日新書、二〇二二年）に彼自身が書いている公開情報から、いとも簡単に読み取れる。『よみがえる戦略的思考』は、佐藤が「クレムリン（ロシア大統領府）が諸外国にシグナルを送る機能を果たしている」と評価するロシア政府系「第1チャンネル」のテレビ番組「グレート・ゲーム」で不定期に放映されている内容を紐解くことで「戦略的思考」を身に着けようという趣旨のものである。「グレート・ゲーム」の常連であるロシア高等経済大学教授のドミトリー・スースロフは、「ウクライナ戦争＝米国により管理された戦争」論を披露し、「作家」のニコライ・スタリコフは、米国の戦略はウクライナを勝たせないことで、ロシアを倒すのではなく弱体化させることであると主張している。ここで佐藤は、自身の肩書と同様に、スタリコフを「作家」とだけ紹介しているが、彼の真の姿は世論操作を専門とする「政治技術者」である。

ウクライナ戦争の黒幕は米国であるとする佐藤の議論は、「ニュースそうだったのか」でおなじみのジャーナリスト池上彰がフランスの人口学者エマニュエル・トッドとの共著『問題はロシアより、むしろアメリカだ―第三次世界大戦に突入した世界』（朝日新書、二〇二三年）でもなぞられている。

ディープ・ステート陰謀論

篠原は、元日本共産党職員で「古是三春」――ロシア風の読み方はフルンゼ・ミーシャ――のペンネームで軍事評論活動を行ってきた。それまであまり有名ではなかった篠原が一気に日本の民族派右翼や保守の心を鷲掴みにしたのが、YouTubeを通して北朝鮮の主体《チュチェ》思想を理論的に解説し、その危険性を指摘するようになった二〇一九年頃のことであった。元日本共産党員職員なだけあって、部外者からはなかなか把握しづらい共産主義国の思想体系を分かりやすく解説する篠原は、民族派右翼や保守の業界に新たな活力を与えた。

ところが、「金正恩脳死説」や「コロナ陰謀論」、「秋篠宮家バッシング」を拡散し始めたあたりから、良識派の保守は篠原を見限っていくこととなる。二〇二〇年米大統領選挙の際、バノンやジュリアーニ、パウエルらを持ち上げながら「不正選挙」説を日本の視聴者に拡散していたのも篠原だった。

それでも主体思想のシンパを指す「チュサッパ」をもじり「シノッパ」と自称する篠原のファンは、一定数存在する。戦争が始まって以降、篠原は自身のYouTubeチャンネルで、「ウクライナには米国防総省が出資した生物兵器研究所が存在する」、「ブチャ虐殺はウクライナの囚人兵が起こした」、「ウクライナ軍は壊滅寸前」といったロシア発の偽情報を幾度となく垂れ流している。

篠原と共闘関係にあるのが、馬渕睦夫元ウクライナ大使である。ディープ・ステート陰謀論の「スーパースター」馬渕は、自身のYouTubeチャンネルで、ウクライナは米国のネオコンの傀儡であり、ウクライナ戦争に引きずり込まれたプーチンはディープ・ステートによる陰謀と戦っている「光の戦士」との見解を披露している。

馬渕著『ウクライナ戦争の欺瞞―戦後民主主義の正体』（徳間書店、二〇二三年）では、ディープ・ステートの「正体」が明かされている。馬渕によるとディープ・ステートとは、狭義には「ウォール街やロンドン・シティに跋扈する国際金融勢力およびそのネットワーク」であり、広義では「政府を陰から操る闇の勢力」であるという。そしてディープ・ステートの実働部隊が「軍産複合体」と癒着しているネオコンであり、さらに共産主義と表裏一体のグローバリストもディープ・ステートを構成する概念であるという。こうした闇の勢力と戦う「光の戦士」がトランプであり、プーチンであり、そして中国共産党である（！）。

共産主義を掲げる中国共産党が、馬渕が言うところの共産主義と表裏一体のディープ・ステートと対抗関係にあるという構図の中に、そもそも論理的矛盾があることは誰の目から見ても明らかだが、馬渕は本気でこの点に気が付いていないのだろうか。

別の馬渕著『ディープステート─世界を操るのは誰か』（WAC、二〇二三年）で明らかにされているように、投資家であり篤志家であるジョージ・ソロスもディープ・ステートの代名詞であるという。馬渕の議論をこうまとめてみても、結局、何がディープ・ステートなのか全く不明である。馬渕のYouTubeチャンネルを見ればすぐに分かるが、彼はユダヤ陰謀論者でもある。ちなみに、ジョージ・ソロス陰謀論の起源は、外部勢力の干渉により一九八九年六月四日の天安門事件が起きてしまったと総括したい北京政府が、同時期に中華人民共和国内で市民社会を形成するための事業をしようとしていたソロスをスケープゴートにしたことであることが近年の研究で解明されている。(73)

第4章で扱う二〇二三年一〇月七日に発生したハマス・イスラエル戦争についても、馬渕の手にかかれば、次のようになる。馬渕著『馬渕睦夫が読み解く2024年世界の真実』（WAC、二〇二三年）によれば、ディープ・ステートはウクライナ戦争でプーチンに敗北寸前となっていたことから、「中東におけるトラブルメーカーとしてDS（ディープ・ステート）の支援を受けていたと考えられ」るハマスを利用し、ディープ・ステートが「世界を第三次世界大戦に引きずり込むために、最後の賭けに出た」という……。

「知の巨人」佐藤も、ディープ・ステート陰謀論を否定していない。佐藤は副島隆彦との共著『欧米の謀略を打ち破りよみがえるロシア帝国』（ビジネス社、二〇二二年）を出版している。佐藤が「稀有な知識人」と絶賛する副島は、安倍元総理銃撃がCIAの息のかかったSPによるものと珍説を披露する人物であるが、ロシア・ウクライナ戦争について、佐藤は副島にこう言っている。

「ディープ・ステイト《ママ》との戦いに、ロシア全体が踏み切ったということですよ。さらにプーチンは、米国のネオコン勢力の影響をロシアとウクライナから一掃しようとしています」

これに副島はこう回答している。

「ですから、私は感動しているのです」

「本物の知の巨人」

「知の巨人」として多方面で「活躍」する佐藤は、別の副島との共著『「知の巨人」が暴く世界の常識はウソばかり』（ビジネス社、二〇二一年）で、副島のことを「本物の知の巨人」であると敬意を表している。その理由は佐藤の表現を借りれば、副島のいる「制度化された学問（いわゆる大学や学会での活動）とは別の、在野にこそ真の知性が宿っている場合の方が多いから」に他ならない……（ちょっと何言っているか分からない）。

「本物の知の巨人」副島の分析は馬渕や佐藤をも超越する。副島は、ディープ・ステートをも突き動かす存在として、中世ヨーロッパ以降、世界を支配してきたカバールなるものを突き止めた。副島が監修した西森マリー著『世界人類の99・99％を支配するカバールの正体』（秀和システム、二〇二一年）によると、カバールとは「英国の王族、バチカン、大銀行家（宮廷ユダヤ人集団）」であり、このカバールの執行機関がディープ・ステート——副島によれば、軍産複合体と同義——と主要国のインテリジェンス機関など——西森は具体的に「ファイブ・アイズ」（米英加豪ＮＺ）を挙げているーであり、ソロスなどはカバールの単なる一経理係に過ぎないという。副島を崇拝する西森によれば、二〇二〇年大統領選挙は、トランプが「不正選挙」と知りながらわざと負けたふりをして、カバールがいかに汚い手を使ったかを米国民に見せ、彼らを一網打尽にする罠にかけた「おとり作戦」であったという。

ディープ・ステートの上位概念カバールの存在を暴いた副島ではあるが、このカバールという概念を用いたとしても、副島はディープ・ステート陰謀論とほぼ同じ議論を行っている。また、馬渕と同様に、副島も中国共産党が現在、カバールやディープ・ステートとの戦いを繰り広げていると主張している。

もはや筆者の読解力では、「本物の知の巨人」副島の著作を手に取り、これ以上の議論に追いついていくことが困難なことから、ここでは副島の別の著書のタイトルだけ紹介しておこう。副島隆彦『ディープ・ステイトとの血みどろの戦いを勝ち抜く中国』（ビジネス社、二〇二一年）。副島隆彦『習近平独裁は欧米白人《カバール》を本気で打ち倒す』（ビジネス社、二〇二二年）の二冊である。

民族派右翼

ここで副島から篠原に話は戻るが、馬渕のほかにも民族派右翼の政治団体、一水会が篠原の活動に合流している。

二〇二二年八月四日、ミハイル・ガルージン大使（当時）は広島の平和記念公園を訪問し、原爆死没者慰霊碑に献花しているが、彼の隣には篠原の姿があった。その日の午後、広島市内のホテルでロシア大使館と一水会が共催した円卓会議「軍備管理と核軍縮の現状と見通し」が開かれたが、ここにも篠原は参加している。すでに述べた二〇二三年六月の「ロシアの日」のレセプションの参加者の中には一水会の関係者もいた。

「YP（ヤルタ・ポツダム）体制の打破」を掲げている民族派右翼にとってみれば、YP体制の結果の一つである北方領土をロシアが不法占拠している現実も打倒すべき対象と捉えているはずであるが、戦後日本の対米従属路線が憎いあまり、結果的に親露的になっていることは興味深い。前著『ハイブリッド戦争の時代―狙われる民主主義』（二〇二一年）でも紹介したように、ヨーロッパにおける民族派右翼が親露的である構図とそっくりである。

ロシアの「友達」

鈴木、佐藤、篠原はロシア大使館への頻繁な出入りが確認されており、本人たちには、ロシア側と連携しているという自覚はないかもしれないが彼らの言論活動がロシアのインテリジェンス機関と連携したものである可能性は濃厚だ。

「鈴木宗男＝ロシア」と公言している鈴木はさておき、佐藤はクレムリンから定期的に「テーマ集」（テムニク）を受け取っていると公言している。ソ連・ロシアの情報活動の専門家、保坂三四郎によると、「テーマ集」とは、テレビを含む各種メディアでプーチンをどのように映すか、国民が何を考え、どのような感情を持つべきかを支持し、あたかもロシア社会を「大きなリアリティショー」のように管理するために活用されるもので、何か事を起こすロシアのストーリーラインに沿うようなロシア側のナラティブが書かれているものである。[74]

これまでに紹介してきた鈴木、佐藤、篠原、馬渕らの発言のほとんどは、この「テーマ集」に記載されている内容と思われる。どうりで、ロシア政府の主張と彼らの発言が共鳴関係にあるわけである。

馬渕については、ロシアとの連携というよりは、むしろ西側や日本政府、冷静な分析を披露している国際政治学者や安全保障専門家とは違うオルタナティブ（既存の主流なものに代わる）な視点を打ち出し、世界は別の論理で動いているとする「真実」の提供を売りに、YouTubeで収益を上げるために活動しているように思われる。

ロシアの「友達」はいつも、「欧米の主流の見方は〜だが、ロシアは〜と考えている」という視点を幾度となく披露しているのを想起すればよい。

副島にいたっては「本物の知の巨人」であるがゆえ、ロシア政府からの影響工作を受けずとも、馬渕をも超越する世界の「真実」を突き詰めてしまっただけなのであろう。ここで読者の皆様に誤解があってはならないので確認しておきたい。副島はただの陰謀論者である。

これらのことを考えれば、彼らはロシアの「影響力の代理人」の役割を確信を持って演じている、人によっては結果的に演じてしまっていると考えてよいだろう。鈴木は政治の世界で、佐藤は書籍や雑誌などの論壇で、篠原や馬渕はインターネット上で、副島は陰謀論界隈で、ロシアのナラティブを重層的に拡散している。

日本国民の誰しもが、どれか一つのチャンネル（経路）には引っかかることを考えれば、こうした状況は侮れない。

反米左翼

ロシアからの影響工作の結果というよりは、反米左翼イデオロギーに基づく「平和運動」が、結果的にロシアを利するナラティブを発信してしまっている情けない状況も日本で発生している。

先ほど登場した鳩山は米国やNATO憎しが強すぎるあまり、いとも簡単にロシアのナラティブに取り込まれ、偽情報にも引っかかっている。「ロシアの日」のレセプションに赴いた鳩山を『SPUTNIK』の記者が捕まえてインタビューしているが、ここで鳩山は、戦争の原因はウクライナをNATOに加盟させようとした米国にあり、「民族浄化」が起きているウクライナ東部に自治権を認めていれば紛争は起きなかった、戦争をしかけたのはむしろ西側だとロシアにとって百点満点の回答を披露している。

実際には、ウクライナのNATO加盟問題は戦争開始以前で米国はそんなに積極的ではなく、ウクライナ東部で「民族浄化」が発生しているとの国際機関の報告も存在せず、ウクライナ東部に「特別な地位」を与えたミンスク合意Ⅱを破棄して侵攻してきたのはロシアなのであるが、鳩山の頭の中はロシアのナラティブでいっぱいのようだ。

同年七月九日、鳩山は自身のX（旧ツイッター）で「ゼレンスキー大統領はNATO軍にロシアに対して核攻撃をして欲しいと要請している」、「NATOがゼレンスキー大統領の要望を受け入れないことを切に望む」とツイートしたが、X（旧ツイッター）上で総つっこみを受け、一二日にツイート内容を撤回した。内閣総理大臣時代もそうであったが、鳩山は「平和」を、米国やその同盟の影響力が各地域から限りなく縮小すれば達成されるものと考えているようである。そうであるから、ウクライナ戦争を利用しロシアを弱体化させようとしている米国やNATOと対峙しているロシアのイベントに参加することが鳩山にとっては「平和」活動なのだ。

鳩山が理事長を務める一般財団法人東アジア共同体研究所の理事兼所長を務める孫崎享元外務省国際情報局長、元イラン大使も自身のX（旧ツイッター）上でやはりロシア側のナラティブをツイートしている。これまでの著作を読めば一目瞭然だが、孫崎もまた反米左翼の立場から戦後日本の対米従属路線に批判的な人物である。

孫崎は前述の副島と共著『世界が破壊される前に日本に何ができるか』（徳間書店、二〇二三年）を出版している。この中で副島は、「日本の言論界で、今では陰謀論者扱いされている」孫崎は、「本当は偉い人なのだ」と褒めちぎっているが、そんな「本当は偉い人」である孫崎は、ブチャの虐殺は捏造だと言い、二〇一四年以降のウクライナ危機についてもネオコンの陰謀と主張している。孫崎によれば、米国はウクライナ戦争を契機に、ヨーロッパ支配をこれまで以上に強化したいという戦略があるという。戦後日本の反米左翼に典型的な米帝国主義論である。

右翼のディープ・ステート論や左翼の米帝国主義論は、イデオロギー上の出発点や表現が異なるだけで、実はかなりの程度、同じことを言っていることは極めて興味深い。

「平和運動」

二〇二三年四月五日、翌月に控えた広島G7サミットに合わせて、和田春樹（東京大学名誉教授）、羽場久美子（青山学院大学名誉教授）、伊勢崎賢治（東京外国語大学名誉教授）、田原総一朗（ジャーナリスト）らは、「日本市民の宣言」を発表した。声明文には、NATO諸国が供与した兵器により戦争が長期化しているとの認識が示され、即時停戦が訴えられている。即時停戦したらロシア軍の占領地域がそのままロシア領となり、ロシアに有利に作用するということに想像力が及ばないらしい。

声明に名前を連ねているほかの人物をみると、二〇一四年から一五年にかけて安倍晋三政権が取り組んでいた平和安全法制の策定に反対していた面々であることも極めて興味深い。

反米左翼イデオロギーを持つ者の中には共産主義者もまだいるかもしれないが、こうした「平和運動」を行う者たちは、結果的にロシアの「友達」となってしまうデゥープスであると捉えていいだろう。

時限爆弾

日本においては民族派右翼や保守派の一部がロシアの「影響力の代理人」を演じていたり、商業右翼や保守、そして左翼の反米イデオロギーに基づく言論活動や「平和運動」がロシアのナラティブを拡散・強化してしまっているのが現状である。ロシアは、戦争開始後からこうした影響工作を行っていたわけではなく、それ以前から、ロシアのナラティブを拡散するためのチャンネル（経路）を重層的に構築していた。それはまるで「時限爆弾」のように、ロシア寄りの発言を拡散する政治家、大学教員、言論人が何か事が起きてから湧いてきた点は、興味深い。

日本を含む第三国でロシアの悪行を相対化させ、ウクライナや西側を悪玉化させるナラティブが拡散し、これを信じる国民が多くなればなるほど、当該政府のウクライナへの武器支援政策の行方に影響を及ぼすことが理論的には可能だ。実際の戦場で火力の量がものをいうロシア・ウクライナ戦争に鑑みれば、第三国への影響工作には、ウクライナ側の火力を外部から減退させるという戦略的動機があることは意識したい。

ロシアの「友達」たちは日本国内世論における対米不信をも増長させている。ウクライナ戦争を煽った米国は結局武器支援しか行わない、命を落とすのはその土地の人間だけであり、だから米国は信用できない、という「日米離間」を意識したナラティブも現に存在する。台湾有事や日本有事が発生した場合、その前後にも、こうしたナラティブはどこからともなく湧いてくることだろう。

実際、もうすでにこうしたナラティブは存在している。本節の本文中で紹介した書籍のほとんどすべてに、「台湾有事や日本有事が発生した場合、米国は守ってくれない」というフレーズが決まって書かれている。

日本はすでに「ナラティブをめぐる戦い」の渦中にあると自覚を持つべきである。

本章の事例分析により、ロシアが「平時」や「有事」の状況下で情報戦を日米にしかけ、一定の効果をもたらしていることが分かった。ユーラシア大陸の外側に位置する日米双方に情報戦をしかけるロシアの戦略的目標は、「ソ連2・0」の創設というプーチンの野望を達成するために、日米両政府のウクライナ支援を停止する世論を喚起することであり、また、ついでに「日米離間」の世論を醸成できればなおよし、といったものであった。

とはいえ、日米がロシア以上に安全保障上の脅威として捉えているのは、中華人民共和国である。第3章では、中華人民共和国が有するハイブリッド脅威をグローバルに及ぼす能力（ハイブリッド戦争遂行能力）が、既存の国際秩序にどのような挑戦をつきつけているか、また、なぜ中華人民共和国はこうしたハイブリッド戦争遂行能力を身に着けようとしているのか、についての中華人民共和国の内在的論理に迫りたい。

第3章　中華人民共和国が及ぼすハイブリッド脅威

第一節　中華人民共和国のハイブリッド戦争体制

中国人民解放軍改革

「中華民族の偉大なる復興」を掲げる習近平国家主席が、二〇一三年一一月に国防・軍隊改革を発表して以降、中国人民解放軍の軍改革が行われ、その具体的内容は二〇一五年一二月から翌年四月にかけて相次いで公表された。

二〇一五年一二月三一日、第二砲兵部隊がロケット軍と改称された。これにより中国人民解放軍の陸・海・空と並ぶ軍種にロケット軍が格上げされた。二〇一六年一月、習近平は、ロケット軍が「我が国の戦略抑止の核心的戦力であり、我が国の大国たる地位の戦略的支えであり、国家の安全を守る重要な礎」であると指摘している。二〇一九年公表の『新時代における中国の国防』（『国防白書二〇一九』）によれば、ロケット軍の目標は、「核兵器と通常兵器の兼備、全域における戦争抑止という戦略的要請に基づき、信頼できる核抑止と核反撃能力を増強させ、中・長距離の精密攻撃を強化し、戦略的牽制能力を増強する」ことである。

第四の軍種ロケット軍に加えて、第五の軍種として戦略支援部隊（ＳＳＦ）も新設された。戦略支援部隊について、二〇一六年一月、習近平は、「国家の安全保障を守る新型作戦戦力であり、我が軍の新しい質の作戦能力の重要な成長分野である」と指摘している。『国防白書二〇一九』も同部隊について、この表現を踏襲し、「戦場環境保障、情報通信保障、情報セキュリティ保護、新技術実験など保障力を含む。全軍に正確で、高効率の、信頼できる情報サポートと戦略支援を提供する。システム体系融合、軍民融合という戦略的要請に基づき、カギとなる分野で飛躍的な発展を推進し、新型作戦能力の速やかな発展、一体化発展を推進する」と記載している。(75)

智能化戦争

第1章で詳しく説明した冷戦後の軍事理論の発展を受け、中華人民共和国でも、将来戦構想についての議論がなされている。中華人民共和国は、日米などが新たな戦い方として注目している領域横断作戦という言葉こそ使用してはいないが、それに相当する概念として「情報化戦争」あるいは「智能化戦争」という概念を提唱している。『国防白書二〇一九』では、世界の軍事動向について「インテリジェント化（智能化）戦争が初めて姿を現している」との認識が示されている。[76]

二〇二一年に中国国防大学国家安全学院副教授の龐宏亮が執筆した書籍の日本語版『智能化戦争――中国軍人が観る「人に優しい」新たな戦争』（五月書房新社）が出版されたが、同書を一読しても難解なため――知的水準が高いというよりは、さまざまな概念が縦横無尽に披露されているため、大意を把握するのが難解――、智能化戦争の本質を理解するのが困難である。

智能化戦争の本質については、同書を参照するまでもなく、二〇一八年に国防大学副教授で情報作戦研究所副所長だった李明海の簡易な説明が参考になる。李は智能化戦争を「陸、海、空、宇宙、電磁、サイバーおよび認知の領域で展開する一体化戦争」で、「通俗的に言えばAI（人工知能）技術手段をテコとした戦争」としている。また二〇一九年に国防科技大学の呉敏文は、智能化とは、「情報化の高級段階」としたうえで、「機械化、情報化、智能化」の流れを、「人間の身体能力、技能、智能の延伸や強化」と簡潔にまとめている。[77]

要するに、智能化戦争とは、西側の軍事理論のNCW、認知戦、5GWなどが合わさったものとほぼ同義といえるだろう。

認知領域における闘争への関心

再び李明海であるが、李は中国共産党中央軍事委員会の機関紙『解放軍報』（二〇二二年九月二九日）に寄稿した記事で、かつてはさまざまなメディアが戦場の様相を大衆に伝えるツールとして注目を集めていたが、いまではメディアそのものが主戦場になりつつあると指摘した。李は、戦争はもはや伝統的な物理領域での戦いにとどまらず、ＳＮＳにまで広がり、国際的な言論空間では銃弾を言葉に代えた闘争が繰り広げられ、それが認知領域における対立の主要な手段になっていると論じた。

また国防科技大学の梁暁波は、認知領域における戦いについて、認知科学の理論に基づき、インターネット、メディア、テキスト、写真、ビデオ、デジタルなどの技術を利用し、人々の思考、信念、価値観、アイデンティティで主導権を得るために繰り広げられる伝統的なイデオロギー闘争の一形態であると唱えている。[78]

これらの議論は、第1章で紹介したロシアの軍事思想における「非接触戦争論」の系譜に位置づけることが可能だ。

総体国家安全観

中華人民共和国が智能化戦争を提唱した背景には、ロシアと同様に、同国も常に外部勢力から「混合戦争」（ハイブリッド戦争の中国語）をしかけられているという認識がある。こうした認識を反映し、中華人民共和国では「総体国家安全観」という概念が語られている。

同概念は二〇一四年四月一五日、新たに創設された中央国家安全委員会第一回全体会議で示されたとされる。同概念もとても雑駁なものであるが、一言でまとめると、あらゆるものが中華人民共和国の安全にとっての脅威となっているという議論である。実際、二〇二一年までに総体国家安全観の構成要素として、政治、国土、軍事、経済、文化、社会、科技、サイバー、生態、資源、核、海外利益、宇宙、深海、極地、生物の一六個が挙げられている[79]。

中華人民共和国は、ありとあらゆる脅威から権益を守るため、人民解放軍をはじめとする関係機関、さらには中国人民を動員して対処する体制を整備している。こうした中華人民共和国の動きに、日本をはじめ米欧は同国がハイブリッド脅威をグローバルに及ぼす能力（ハイブリッド戦争遂行能力）を構築していると警戒している。

ハイブリッド戦争遂行能力を構築する中華人民共和国の関連組織は、当該国のインテリジェンス機関と重なり合うところが多い。中華人民共和国は、「政府」、「党」、「軍」という三系統のインテリジェンス機関を持つと指摘されることが多い――それぞれ国家安全部（ＭＳＳ）、統一戦線工作部（ＵＮＦＤ）、戦略支援部隊が該当――。だが、そもそも、中華人民共和国憲法には、国家は中国共産党の「指導」を仰ぐと規定され、中国共産党規約は、憲法よりも上位の規範文書となっている。人民解放軍もまた、「国家」ではなく「党」の軍隊である。

そのため、「政府」、「党」、「軍」の三者は並列関係にあるわけではなく、「党」の下に「政府」や「軍」が存在するという垂直関係にある。そのため、これから紹介する関連機関は全て中国共産党の意思、つまりは習近平の意思が反映されているものと考えるのが適切である。二〇一〇年代以降、日本でも話題となったさまざまな事案に関与している中華人民共和国のハイブリッド戦争遂行アクターを整理すると次のようになる。(80)

海洋アクター

中華人民共和国は中国海警局の艦船数隻を沖縄県石垣市の尖閣諸島周辺海域に連日送り込んでいる。海上保安庁ホームページに掲載されている「尖閣諸島周辺海域における中国海警局に所属する船舶等の動向と我が国の対処」のデータによると、二〇〇八年一二月、国家海洋局(当時)に所属する船舶二隻が尖閣諸島周辺の日本の領海に侵入する事案が発生して以降、中華人民共和国は同様の行動を継続的に行っており、習近平体制が本格的に始動した二〇一三年以降、中国海警による尖閣諸島周辺の接続水域内入域や領海侵入の回数や隻数が飛躍的に高まっている。こうした活動を行う中国海警は、「軍」を名乗っていなくても「軍」の一部であると認識しなくてはならない。

二〇一六年一月、中国共産党中央軍事委員会──委員会主席は習近平──は、武警(武装警察)の指揮管理体制を調整し、部隊の構造と編制を最適化することを記した「国防と軍隊改革の深化に関する

時　期	事案・地域	対象国	活　動
2013	南シナ海 スプラトリー諸島		人工島の建造
2014	南シナ海	ベトナム	中華人民共和国のオイルリグの保護、ベトナム漁船への衝突
2015〜	南シナ海 スプラトリー諸島		人工島を基盤に南シナ海での中華人民共和国漁船の操業が急増
2016	東シナ海 尖閣諸島	日本	200〜300隻の中華人民共和国漁船が尖閣周辺海域に蝟集（いしゅう）
2018	南シナ海 ティトゥ島	フィリピン	中華人民共和国漁船が周辺に蝟集、フィリピン漁船への衝突
2021	南シナ海 ウットサン礁	フィリピン	220隻の中華人民共和国漁船が蝟集

（出所）『中国安全保障レポート2023』55頁を基に筆者作成。

表8　海上民兵が関与したと疑われる海上紛争事案（2013〜2021年）

意見」を公表し、二〇一八年一月から、それまで国務院——他国でいう内閣に相当——に所属していた武警部隊は中央軍事委員会の一元的指揮下に編入された。中国海警についても、もともと国家海洋局に所属していたが、二〇一八年三月に武警隷下入りとなり、中央軍事委員会の指揮下に入った。

二〇二一年二月に施行された中華人民共和国海警法第八三条には、国防法、武警法などの関連法規、中央軍事委員会の命令に基づき、海警が防衛作戦などの任務を遂行することが明記された。人民解放軍海軍所属のフリゲートを海警公船に転用させるなど、中国海警は中華人民共和国の「海上での権益維持」に一役買っている。二〇二三年一二月九日、南シナ海のスカボロー礁周辺でフィリピン漁業水産資源局の船三隻が、少なくとも八回にわたり、中国海警の船から放水銃を発射された。翌日には、南シナ海のセカンド・トーマス礁周辺でフィリピンの沿岸警備船と補給船が中国海警の船から放水銃を発射され、のちに衝突される事案が発生している。

中国海警のみならず海上民兵の存在も無視できない。そもそも民兵については、二〇二〇年一二月に改正された国防法で「軍事機関の指揮の下、戦争準備任務、非戦争軍事行動任務、さらには防衛作戦任務を担う」と記されており、中華人民共和国における民兵は、軍の補助機関となる公式の武装組織と理解するのが適切で、海上民兵は漁民を装い、海上での権益維持行動をしており、こうした行動は南シナ海や東シナ海で頻繁にみられる（表8）。

二〇二三年の事案として、二〇二三年四月一八日から二四日まで南シナ海のEEZ（排他的経済水域）などでパトロールを行ったフィリピン沿岸警備隊は、スプラトリー（南沙）諸島のウィットサン礁周辺に一〇〇隻以上の中国船を確認したと公表した。八月一〇日、フィリピン軍は南シナ海で三〇〇隻以上の中国船を確認したと明らかにした。いずれの事案でも海上民兵が多数乗船していたものとみられている。一〇月二二日には、南シナ海でフィリピン軍の輸送船に中国海警が衝突し、フィリピン軍の輸送船を警備していたフィリピン沿岸警備隊の巡視船に中国海上民兵の船が衝突する事案が発生している。一二月三日には、フィリピン沿岸警備隊が、ウィットサン礁周辺に海上民兵が乗った一三五隻以上の船舶が集結していると発表した。

習近平体制の下で進められている軍民融合による国防科学技術の発展や後述するサイバー民兵など

の活用も踏まえると、海上民兵を活用した中華人民共和国の「海上での権益維持」活動は、毛沢東の「人民戦争」論への郷愁であるように思われるとの指摘もある。(82)

情報アクター

ハイブリッド戦争の重要な構成要素として情報戦があるが、二〇一五年末に、中華人民共和国が人民解放軍内に、サイバー戦、電子戦、宇宙空間における作戦を含む情報戦を統括する組織として新設した戦略支援部隊が代表的な情報戦アクターである。戦略支援部隊には、統合作戦への支援、後方支援や訓練などを実施する参謀部、政治指導と「三戦」を担当する政治工作部、そのほかに装備部と規律検査委員会がある。

作戦を実施する機関として、宇宙空間の作戦を支援する航天系統部とサイバー戦を担当するサイバー系統部があり、後者には「61726部隊」(武漢)、「61786部隊」(北京)などのサイバー部隊のほか、電子対抗旅団が所属している。さらに福建省には戦略支援部隊の直属基地である311基地がある。311基地は、その傘下に海峡之声広播電台、中国華芸広播公司、海風出版社といったメディアに加え、「61070部隊」や「61198部隊」といったサイバー部隊があり、特に台湾を対象とした情報戦を実施している。(83)

これら戦略支援部隊のサイバー戦、情報戦機能は、かつて人民解放軍内に存在した総参謀部第2部

（情報部）、総参謀部第3部（技術偵察部）、総参謀部第4部（電子対抗部）から移管したものとみられている。ちなみに、二〇一四年五月、米企業の情報を窃取するために、企業のコンピュータに侵入したとして米司法省が関係者五名を起訴した「61398部隊」（上海）は総参謀部第3部第2局、二〇一六年から二〇一七年にかけてJAXA（宇宙航空研究開発機構）など日本国内約二〇〇もの研究機関や企業に大規模サイバー攻撃を行った「61419部隊」（青島）は総参謀部第3部第4局隷下の部隊であった(84)。

次に紹介する工作アクターとも関連する「三戦」とは、二〇〇三年一二月に改定された中国人民解放軍政治工作条例に記されたものであり、輿論戦・心理戦・法律戦からなる。三戦について米国防総省は次のように説明している。

「輿論戦」は、中国の軍事行動に対する大衆および国際社会の支持を得るとともに、敵が中国の利益に反するとみられる政策を追求することのないよう、国内および国際世論に影響を及ぼすことを目的とし、

「心理戦」は、敵の軍人およびそれを支援する文民に対する抑止・衝撃・士気低下を目的とする心理作戦を通じて、敵が戦闘作戦を遂行する能力を低下させようとし、また、

「法律戦」は、国際法および国内法を利用して、国際的な支持を獲得するとともに、中国の軍事

行動に対する予想される反発に対処するものである。(85)

このうち、中華人民共和国の心理戦には「不快感を表現し、覇権を主張し、脅迫を伝えるための外交的圧力、風評、虚偽の物語、嫌がらせ」の適用も含まれる。法律戦の代表例には、二〇一六年七月、中華人民共和国が「歴史的権利」を一方的に主張する南シナ海における人工島建造をめぐり、フィリピンが国連海洋法条約に基づき常設仲裁裁判所に提訴し、同仲裁裁判所が中華人民共和国の建造する人工島を「島」ではないとし、また中華人民共和国の主張には法的根拠はないとの判決を下し、これに中華人民共和国が「紙くずに過ぎない」と吐き捨てた事案が該当する。(86)

これらのことを考えると、三戦の本質は、輿論戦・心理戦・法律戦が並列関係にあるのではなく、心理戦や法律戦が輿論戦を支えているという補完関係にあることが分かる。

また、中華人民共和国は、こうした軍のアクターのみならず、民間のテクノロジー企業の名義でサイバー民兵を組織するほか、大手サイバーテクノロジー企業と協力してサイバー民兵を養成するための教室を運営している。

例えば、恒水南浩科技有限公司は表向きは民間企業だが、二〇〇六年以降、サイバー民兵をリクルートしている。二〇一七年には安天ネットワーク科技公司もサイバー民兵部隊を設立しており、二〇一九年には、中国科学院クラウドコンピューティング産業技術革新イノベーション・インキュベーシヨンセンターがサイバー民兵教室を設立し、人材育成を始めている。[87]

工作アクター

中国共産党が自らの権益を追求するために行ってきた伝統的かつ代表的な活動に、統一戦線工作がある。統一戦線工作とは、主要敵に対抗するために、主要敵を内部分裂させたり、友好勢力を増やそうとする策略を指す。中国共産党はその有効性を高く評価し、「法宝」（マジック・ウェポン）と呼んできた。[88]

二〇一五年以降、習近平は「大統戦」（大統一戦線）を掲げ、統一戦線工作を統一的な指揮の下で活性化させようとしてきた。それまでの統一戦線工作の代表的アクターは一九三九年一月に周恩来らが設立した中国共産党の直轄組織である統一戦線工作部であったが、「大統戦」には、統一戦線工作を党の部門である統一戦線工作部のみに任せるのではなく、これを党全体の重要事業として位置づけ、党の指導強化の下で関連部門間の連携を強化する狙いがある。

統一戦線工作部はオーストラリアやヨーロッパ諸国において、政界や財界、学術や市民社会に浸透し、中華人民共和国の権益に資する親中派の形成に取り組んでいたことは、クライブ・ハミルトン著『目に見えぬ侵略』（飛鳥新社）やクライブ・ハミルトン／マレイケ・オールバーグ著『見えない手』（飛鳥新社）が明らかにしている通りである。[89]

最近では、統一戦線工作部は、諸外国における親中派の形成のみならず、北京政府に対する反体制派の監視活動を行っている。二〇二二年九月と一二月に、スペインのNGOセーフガード・ディフェンダーズは、中華人民共和国が五〇か国以上で計約一〇〇か所の「海外警察署」を設置し、反対派の監視や身柄の拘束などを行っているとする報告書を公表し、二〇二三年四月以降、日本でも各種新聞が取り上げて話題となったことは記憶に新しいが、こうした「海外警察署」の存在自体は、米国のシンクタンクであるジェームズタウン財団が二〇一九年一月時点で、インターネット上で指摘している。(90)

いずれにしても、「海外警察署」の運用には統一戦線工作部が関与していることが判明している。アレックス・ジョスク著『スパイと嘘』(原著、二〇二二年)によれば、国家安全部が統一戦線を含むさまざまな工作活動の統率を行っているものと考えられている。すでに述べた「大統戦」の考え方が反映されていることが分かるだろう。

ここで挙げた工作アクターは、中華人民共和国のイデオロギーの「三大地帯」を支配する上で重視されている。二〇一五年一二月二五日、『解放軍報』社を視察した習近平は、次のように指摘した。

近年、あらゆる敵対勢力が我が国で「カラー革命」を引き起こし、中国共産党による統治と社会主義制度を転覆させようと企んでいる。(…中略…)新たな情勢下において、イデオロギー分野の闘争は複雑で厳しい。イデオロギー分野での闘争において、我々には妥協と譲歩の余地はなく、全面的勝利を得るしかない。我々のイデオロギー分野には、「紅色地帯」（中国共産党のイデオロギーに賛同する勢力）、「灰色地帯」（中国共産党のイデオロギーに賛同する可能性がある勢力）、「黒色地帯」（中国共産党のイデオロギーに反対する勢力）があり、「紅色地帯」を確実に拡張し、「灰色地帯」を制御して転化し、「黒色地帯」を封じ込めることこそが我々の戦略的任務だ。(91)

二〇二二年七月、米国のFBI長官クリストファー・レイと英国の国内防諜を担当するMI5（秘密情報部）長官ケン・マッカラムは初めて合同で演説し、中華人民共和国の脅威が高まっていると指摘した。二〇二三年一〇月には、米英加豪NZのインテリジェンス同盟「ファイブ・アイズ」が中華人民共和国による知的財産窃盗を目的とした情報活動や工作活動は重大な脅威であると警告を発している。これらの動きには、西側のインテリジェンス・コミュニティーにおける中華人民共和国のハイブリッド戦争遂行能力への警戒感の高まりが反映されている。

とはいうものの、中華人民共和国の情報活動や工作活動が、諸外国の政府や世論を同国に有利なかたちで取り込むことに成功しているかといえば、必ずしもそうとは言えない。例えば、台湾統一を目論む中華人民共和国は台湾周辺で軍事演習を頻繁に行っているが、かえって、台湾世論を中国大陸から遠ざける心理的効果をきたしている。情報活動や工作活動についても同様で、対象国は中華人民共和国がしかけるさまざまな工作をソフト・パワーではなく、シャープ・パワーと捉え対中警戒感を強めている。[92]

ソフト・パワーとシャープ・パワー

ソフト・パワーとは米国の国際政治学者ジョセフ・S・ナイが提唱した概念である。日本では「ハード・パワー＝軍事力・経済力」、「ソフト・パワー＝文化力」と単純に説明されることが多いが、こうした理解は全くもって不適切である。ナイによれば、軍事力や経済力を背景に威嚇や報酬をちらつかせながら相手に影響を与えるハード・パワーとは異なり、ソフト・パワーとは魅力などを力の源泉に、他国を無理やり従わせるのではなく、自国が望む結果を他国も望むようにする力を意味する。[93]

シャープ・パワーはソフト・パワーとは異なり、情報などを意図的に操作したり偽情報を拡散したりして、対象国に深く入り込み、混乱を引き起こすことを狙ったものである。前者が一般的にオープンなもので、実行国の魅力度を強化するものであるのに対して、シャープ・パワーは対象国に対するネガティブな印象を植え付けることを狙っており、その実行者は正体を隠そうとしたり、代理勢力（プロキシー）を起用したり、もっともらしい反証をしたりして、シャープ・パワーを実行していることを隠そうとする。[94]

こうした特徴を持つシャープ・パワーとソフト・パワーの違いは、第1章で紹介した権威主義諸国の積極工作と西側の広報外交（パブリック・ディプロマシー）の違いとよく似ている。

第二節　大国間競争

日米の『国家安全保障戦略』

二〇二二年一〇月、バイデン政権は『国家安全保障戦略』を公表した。バイデン政権の『国家安全保障戦略』は、同年二月にウクライナへの大規模軍事侵攻を開始したロシアを「自由で開かれた国際システムへの直接的脅威」とし、中華人民共和国については、「国際秩序を再構築する意図と、それを実現する経済、外交、軍事、技術力を併せ持つ唯一の競争相手」と規定した。[95] バイデン政権は、政党や政治信条は異なるとはいえ、トランプ前政権の米中露の大国間競争路線を継承し、中華人民共和国を米国の国家安全保障のみならず国際秩序をも動揺させる「唯一の競争相手」と捉えたのであった。

日本の『安保三文書』においても、名指ししているかそうでないかの違いはあるものの、明確に中華人民共和国を意識した記述が多くある。『国家安全保障戦略』三頁には、「普遍的価値を共有しない一部の国家」というフレーズが三度登場しており、同文書によれば、こうした「普遍的価値を共有しない一部の国家」は、「既存の国際秩序の修正を図ろうとする動きを見せて」おり、これらの国家は、「経済と科学技術を独自の手法で急速に発展させ、一部の分野では、学問の自由や市場経済原理を擁護してきた国家よりも優位に立つようになってきている」[96]『国家防衛戦略』二頁ではインド太平洋地域において「力による一方的な現状変更やその試みを継続・強化している」中華人民共和国への警戒感が示されている。[97]「力による一方的な現状変更」がすでに起きた南シナ海や、「その試み」が「継続・強化」されている尖閣諸島を含む東シナ海情勢が念頭にあることは指摘するまでもない。

地理的に離れているとはいえ、中華人民共和国がグローバルに及ぼすハイブリッド脅威が原因で、NATOもまた中華人民共和国に対する警戒感を強めている。

一帯一路

NATOの対中警戒の高まりは、NATOの東翼に位置する中東欧への中華人民共和国の進出が背景にある。そもそも、中華人民共和国と中東欧諸国は「16+1」という経済協力枠組みの下、関係を強化してきた経緯がある。

「16+1」は中華人民共和国が推進する一帯一路と密接な関係にあるため、ここで、一帯一路の要点を確認しておこう。

二〇一三年九月七日、カザフスタンのナザルバエフ大学での演説で習近平が提唱した一帯一路の正式名称は、「シルクロード経済ベルトと二一世紀海洋シルクロード」である。NHKのホームページが紹介している中華人民共和国政府の公表資料によると、「シルクロード経済ベルト」（一帯）は西安に発しウルムチを通過し、中央アジア諸国、トルコ、ロシアを経由、やがてヨーロッパへと至る「陸のシルクロード」であり、「二一世紀海洋シルクロード」（一路）はインド洋を経由しヨーロッパへと至る「海のシルクロード」である。かつてシルクロードや地中海貿易で繁栄したイタリアの都市ベネチアが陸と海のシルクロードの交錯点とされている。

一帯一路は習近平が提唱する「人類運命共同体」を具体化するためのメガ地経学プロジェクトと理解されている。「人類運命共同体」とは、二〇一二年の中国共産党第一八回大会報告で初めて公にされた概念である。中国共産党の内部資料を分析したイアン・イーストンの研究（後述）によると、同概念には戦後の国際秩序を根底から覆す論理が隠れている。ところが、日本において、「人類運命共同体」は、ある有名な日本のシンクタンク研究員が、同概念の定義が不明であることを理由に、その名前の通り「地球は一つであるから人類は運命を共にしている、全人類の平和や安全、繁栄のために協力しよう」と解説するなど、非常に短絡的な理解が蔓延している。(98)

こうした（実態は大きく異なるが）お互いにウィン・ウィンの関係を構築できる「人類運命共同体」に共鳴する国々はアフリカ、ラテンアメリカ、太平洋島嶼国にまで拡がり、一帯一路はユーラシ

グルーピング	国 名 （ ）内はNATOに加盟した年	NATOとの関係
中東欧諸国 =「17+1」に参加した国々	セルビア、ボスニア・ヘルツェゴビナ	NATO非加盟国
	ギリシア（1952）、チェコ（1999）、ハンガリー（1999）、ポーランド（1999）、エストニア（2004）、ラトビア（2004）、リトアニア（2004）、ブルガリア（2004）、スロバキア（2004）、スロベニア（2004）、ルーマニア（2004）、アルバニア（2009）、クロアチア（2009）、モンテネグロ（2017）、北マケドニア（2020）	NATO加盟国 =米国の同盟国
西欧諸国	イタリア（1949）、ルクセンブルク（1949）、ポルトガル（1949）	
	オーストリア、キプロス	NATO非加盟国
ロシア周辺国	ベラルーシ、ウクライナ、ジョージア、モルドバ	

（注1）ロシア、アゼルバイジャン、アルメニア、トルコはヨーロッパにカウントしなかった。
地理的には南欧に位置するギリシアとポルトガルは便宜上、それぞれ中東欧、西欧にグルーピングした。
（注2）アルバニア、モンテネグロ、北マケドニア、セルビア、ボスニア・ヘルツェゴビナ、ベラルーシ、ウクライナ、ジョージア、モルドバはEU非加盟国。

（出所）Nedopil, Christoph (2023): "Countries of the Belt and Road Initiative"; Shanghai, Green Finance & Development Center, FISF Fudan University, www.greenfdc.org を基に筆者作成。

表9 一帯一路に参加するヨーロッパ諸国

ア大陸を超えて、グローバルなメガ地経学プロジェクトとなっている。

一帯一路には、二〇二二年時点で、カウントの仕方にもよるが、二六のヨーロッパ諸国が参加しており、G7の中では唯一イタリアが参加していた（表9）。

この一帯一路プロジェクトの一部として創設されたのが、「16＋1」であった。

「16＋1」は二〇一一年にハンガリーの首都ブダペストで開催された第一回中国・中東欧諸国経済貿易フォーラムで発案され、二〇一二年以降、毎年首脳会議を開催していた中華人民共和国と中東欧諸国の経済協力枠組みである。[99] 二〇一九年のギリシア参加後、「16＋1」から「17＋1」と呼ばれるようになったこの枠組みは、多国間協力枠組みのように見えるが、実態は、中華人民共和国と中東欧諸国の個別の二国間協力がベースとなっているものである。

「17＋1」で、最も目立つ動きをしているのが、ハンガリーとセルビアである。

ハンガリーとセルビア

ハンガリーのビクトル・オルバン首相は中華人民共和国を自国の統治モデルの参考とする政治家として有名であり、また、現代国際政治が「西」から「東」へのパワー・シフト下にあるという世界観を有している。そのためオルバンはハンガリーをはじめとする中東欧が「西」と「東」の架け橋になることで世界の繁栄に貢献できると考えている。彼のこうした考えは習近平の「人類運命共同体」と共鳴関係にある。オルバンは一帯一路の熱心な支援者である。

こうしたハンガリーと中華人民共和国の蜜月関係が構築されているさなかに新型コロナ危機が発生した。二〇二〇年四月七日、ハンガリーのペーター・シーヤールトー外相は、マスク三一〇〇万枚、検査キット一三万三〇〇〇個、人工呼吸器一五二個を中華人民共和国から提供され、今後、八〇〇万枚のマスクも同国から輸送されることを発表した。ときあたかも、世界中でマスク不足が深刻化し、中華人民共和国が権威主義モデルでコロナ封じ込めに成功したと積極工作を大規模に開始していた頃のことだった。

二〇二一年一月二九日、ハンガリーはシノファーム社製ワクチンをEU加盟国として初めて承認し、今後、五〇〇万回分の購入を予定していると発表した。二月一六日には、ハンガリーに第一陣として、五五万回分のシノファーム社製ワクチンが到着した。五月三一日、北京を訪問したシーヤールトー外相は、シノファーム社製ワクチンをハンガリー国内で生産することを発表した。ハンガリーは、中国製ワクチン製造のサプライチェーンの重要な一角を担うようになった。

中華人民共和国はハンガリーの隣国セルビアとの関係も強化している。新型コロナ危機の波がヨーロッパに押し寄せようとしていた二〇二〇年三月に非常事態宣言を出したセルビアに、ハンガリーと同様、中華人民共和国は「マスク外交」を展開し、アレクサンダル・ブチッチ大統領に「習近平はセルビアの友人であり、兄弟だ」と言わしめた。セルビアのある世論調査（二〇二〇年三月〜四月）によれば、コロナ禍のセルビアに対する最大のドナー国は中華人民共和国と回答したのは被験者の四〇パーセントにのぼった――EUと回答したのは被験者の一七・六パーセント、ロシアは一四・六パーセント――。

ハンガリーより一足先に、二〇二一年一月一六日、セルビアにシノファーム社製ワクチン一〇〇万回分が到着した。ワクチンが到着した空港にブチッチ自らおもむき、ワクチンが両国の「偉大な友好の証明」であると語った。セルビアで、二〇二一年五月上旬までにワクチン接種を終えた約三六六万回の接種のうち、三分の二を中国製ワクチンが占めた。二〇二一年六月までには、ショッピングモールといった商業施設や公共施設でワクチン接種センターが設置され、予約不要で無料のワクチン接種のサービスが受けられる体制を整えるまでになった。

二〇二一年六月五日、ハンガリー・セルビア合同経済委員会の場で、シーヤールトー外相は、両国は、経済そして医療面でコロナ対応に最も成功していると発言し、ハンガリーもセルビアも、ワクチンをイデオロギーや地政学上の問題として捉えておらず、人々の命を救う道具と考えているとし、中華人民共和国に好意的な発言をするにいたった。

ハンガリーやセルビアへの「ワクチン外交」や「マスク外交」に見られるように、「17＋1」は、建前上は関係諸国間でウィン・ウィンの経済協力関係を構築するものとされたが、実態は、中華人民共和国が権益を追求するための枠組みでしかないことが明らかとなった。そもそも、二〇一七年をピークに中東欧諸国への中華人民共和国からの対外投資も減少傾向にあり、これも中東欧諸国にとっては期待外れであった。(100)

「17＋1」などをシャープ・パワーやエコノミック・ステイトクラフト――経済的な術策や手段を用いた他国に対する影響力の行使や、それによる地政学的・戦略的目標の追求――の手段として利用する中華人民共和国の中東欧への進出は、「西側の一体感の動揺」や「米欧離間」を意識した中華人民共和国による統一戦線工作の一環であると考えられる。経済的利益をちらつかせることで、EU内部で中東欧と西欧を分裂させたり、ハンガリーなどを取り込むことによって米国の対中戦略とNATOの政策の足並みを揃えなくさせること――NATOの意思決定は全会一致のため――は、まさに統一戦線工作に合致する。

NATOの対中警戒

二〇二〇年三月末、イェンス・ストルテンベルグNATO事務総長は米欧の安全保障専門家に今後一〇年のNATOの在り方についての検討作業を命じ、その結果は、『NATO2030―新時代に向けた結束』（二〇二〇年一一月）というかたちで公表された。同提言書では、中華人民共和国は単なる「経済的プレイヤー」でも、「アジアに特化した安全保障アクター」でもなく、「フルスペクトラム（全領域）のシステム上のライバル」として理解する必要があると記載されている。[101]

同報告書を受け、第1章で紹介したNATO『戦略概念』（二〇二二年版）がやがて策定されるが、同文書第一三段落には、「中華人民共和国の悪意あるハイブリッド、サイバー作戦、対立的なレトリックや偽情報がNATOの安全保障に害を及ぼしている」の記述があり、また第一四段落には、中華人民共和国が欧州大西洋（Euro-Atlantic）の安全保障にも「システム上（systemic）の挑戦」を及ぼしているとの記述もある。

すでにこうした対中警戒感を強めていたリトアニアは二〇二一年五月下旬、「17＋1」からの離脱を表明し、翌年八月中旬にはエストニアとラトビアもこれに続いた。二〇二一年七月にリトアニア政府は台湾の代表処を首都ビリニュスに開設すると発表し、三か月後にはリトアニア、チェコ、スロバキアの三か国は台湾の外交使節団およそ六五名を受け入れた。スロバキアのシンクタンクGLOBSECで講演した台湾外交部長の呉釗燮は「台湾における民主主義の発展と中東欧諸国の権威主義からの体制転換には、同様の歴史的背景がある。台湾とスロバキアの両国は、自由、法治主義、人権という共有する価値観を堅持している」と演説を行った。

この年の暮れにリトアニア政府は『国家脅威分析』を公表し、中華人民共和国を脅威だと位置付けた。[102] 翌二〇二二年六月にはスロバキア議員団、九月にはチェコ議員団が訪台し、また同じ年に、リトアニアよりも先にすでに台湾代表処を開設していたラトビアの台湾代表処の支援の下、ラトビア国際問題研究所はバルト三国と台湾におけるハイブリッド脅威についての共同研究の成果物を公表するなど、[103] バルト三国を中心に中東欧諸国と台湾の関係が強化されている。二〇二三年一一月には、エストニアが台湾代表処を開設させる動きを見せており、これに中華人民共和国は強く反発した。

中華人民共和国の権威主義モデルを倣おうとするオルバン政権下のハンガリーなど一部を除けば、かつて共産主義から民主主義への体制転換を経験した中東欧諸国の目には、民主主義の台湾に対する強圧的姿勢を崩さない中華人民共和国の姿が、かつて自分たちを支配し、抑圧していたソ連と重なって見えているのである。

そして二〇二三年七月にビリニュスで開催されたNATO首脳会談のコミュニケの第二三段落には、「中華人民共和国の主張する野望や威圧的政策は我々の利益、安全保障そして諸価値に挑戦している」との対中警戒感が示され、この一節に続いて、前述の『戦略概念』第一三段落と同様の文言が記されるまでにいたった。NATO首脳会談以降、G7の中で唯一、一帯一路に参加しているイタリアの政府高官（首相、外相、国防相など）も年内に一帯一路から離脱する意向を表明し始めた。二〇二三年一二月六日、イタリア政府は中華人民共和国政府に一帯一路から離脱する旨を正式に通知した。

こうした動きの背景には、日米両政府、ヨーロッパ各国政府、そしてNATOが、中華人民共和国のことを、ハイブリッド脅威をグローバルに及ぼすアクターとして警戒し始めていることがある。

二〇二三年一〇月一七日から二日間、北京で一帯一路国際フォーラムが開催された。一帯一路開始から一〇周年という記念すべきフォーラムにはプーチンも参加し、ヨーロッパからはハンガリーのオルバンとセルビアのブチッチだけが参加した。日米両政府も当然、政府代表団を派遣しなかった。

そんな中、一帯一路一〇周年記念の関連フォーラム出席のため北京に到着した一人の日本人がいた。中央広播電視総台のインタビューに応じるその男は、習近平が唱える「人類運命共同体」に向けたイニシアティブだと一帯一路を高く評価し、自身がかねてから提唱してきた「友愛」や「東アジア共同体」の理念に通ずるものがあると語った。「日本も一帯一路にもっと積極的になるべきだ」と自説を開陳したその男は、そう、鳩山友紀夫だった。

ちなみに、中央広播電視総台は国務院直属の事業単位であり、プロパガンダを担当する中国共産党中央宣伝部の指揮下にある。

第三節　中華人民共和国の論理

「人類運命共同体」

前述した通り、習近平は「人類運命共同体」を提唱しており、これを具体化するためのメガ地経学プロジェクトが一帯一路である。第一節で整理した中華人民共和国が海洋、情報、工作などの領域でハイブリッド戦争遂行能力を整備しているのも、グローバルに「人類運命共同体」の建設という目的を達成するためと理解するべきである。

そしてこの「人類運命共同体」という概念の奥底には、戦後の国際秩序を根底から覆す論理が流れていることも正しく理解するべきである。この点の分析は、米国のプロジェクト２０４９研究所上級研究員のイーストンの研究に詳しい。

二〇一八年五月、習近平はカール・マルクス生誕二〇〇周年記念大会の会場である人民大会堂の壇上に立った。彼は聴衆に一礼して喫煙者らしい重くかすれた声で演説を始めた。

同志諸君。本日、我々はカール・マルクスを追悼し、祝うためにここにいる。人類史上最も偉大な思想家であるカール・マルクスに敬意を表するためである。そして、マルクス主義の科学的真理に対する我々の揺るぎない信念を示すためにここにいるのだ。

彼はこう続けた。

カール・マルクスは、旧世界を打破し、新世界を建設することに全生涯を捧げた。彼はそのために生涯戦い続けたのである（…中略…）マルクス主義は実践的な理論であり、人々が世界を変えるために行動する際の指針となるものである（…中略…）マルクス主義は本の中に隠しておくものではない。人類史の運命を変えるために生まれたのだ。

彼は聴衆の中で同調しない者を少し脅すように、マルクス主義を否定する者は一体化に向かう世界の敵であると断言した。「全世界の人々が一つの道を歩んで、全人類共通の運命共同体を建設するために努力しなければならない」

習近平の演説が終わるとソ連国歌「インターナショナル」の中国語版の次の歌詞が会場に響き渡っ

た。「我々は世界の支配者になる。これは最終闘争だ。団結せよ。すぐに国際共産主義が実現する」

習近平が語った「全人類共通の運命共同体」について、対外経済貿易大学と中国社会科学院所属の研究者が執筆した『中国の特色ある大国外交』（二〇二一年、未邦訳）はこう解説している。

人類運命共同体構想は、マルクス主義の「自由な人々の共同社会」という概念を受け継いでいる。（…中略…）マルクスの自由な共同社会は、共産主義を真の集合体と見なした。（…中略…）人類運命共同体の思想は、国民国家と運命共同体の関係を全人類の観点から考察するものである。（…中略…）国家は単独では存在できない（…中略…）人類運命共同体は、マルクスが強調した自由な人々の共同体と同じ方向に進んでいるのだ。（…中略…）今日、世界は相互依存を実現し、その「自由な人々の統一された共同体」という目的に向かっているのだ。

要するに中華人民共和国は、戦後はおろか一七世紀の近代ヨーロッパに源流を持つ主権国家体制（ウェストファリア体制）を最終的に否定し新たな秩序を建設しようとその最終闘争の段階に入っているというのだ。『中国の特色ある大国外交』には、「人類運命共同体は、西側の考え方や国際組織を凌駕する革新的な世界統治への道」と説明されている。

人民解放軍の内部教科書『中華民族の偉大なる復興を実現するための戦略支援』（二〇一八年、未邦訳）にも「人類は力の均衡を凌駕する新秩序を必要としている。（…中略…）ウェストファリア体制を凌駕し、それに取って代わる新型国際関係が今、構築されようとしている」とある。「人類運命共同体」とは聞こえはよいが、実態は、そうした全人類の超点に君臨するのが中華人民共和国という秩序観である。[104] 一言でいうと、中華人民共和国が支配する世界秩序こそが「人類運命共同体」の真の姿である。

「中国」（チャイナ）とは何か

それでは、なぜ中華人民共和国はこのようなたいそうな野望を持っているのであろうか。国力を身に着けた中華人民共和国が米国を追い越さんばかりの勢いである同国の「強さ」の表れなのだろうか。

筆者は、むしろ逆で「強さ」ではなく「弱さ」の表れだと考えている。

なぜならば、中華人民共和国は「中国」とは何かという国家の根幹に関わる問題を抱えているからである。現在の中華人民共和国は、「中国人」あるいは「中華民族」というネイション——国家を形成するための共同体意識——を基盤とする「国民国家」（ネイション・ステート）を創り上げている途上にあるのである。

こうした指摘は、日本では東洋史家の岡田英弘や宮脇淳子により早くからなされており、近年では、英国のシンクタンク、チャタムハウスのアジア太平洋プログラム研究員のビル・ヘイトンによっても指摘されている。

そもそもＣｈｉｎａを「中国」とすぐさま翻訳すると誤解を招きやすい。一説によるとＣｈｉｎａの語源は紀元前二二一年から紀元前二〇六年まで存在した「秦」と考えられている。この「秦」がペルシア語で「チーン」（Ｃｈｉｎ）、アラビア語で「シーン」（Ｓｉｎ）、インド諸語で「チーナ」（Ｃｉｎａ）と呼ばれ、「秦国」については「チーナスターナ」（Ｃｉｎａｓｔｈａｎａ）と呼ばれるようになった。日本の高校の古典の授業などでは、中国のことを「震旦」と学習することがあるが、「震旦」は「チーナスターナ」の音訳である。これらが後漢（紀元後二五〜二二〇年）で仏教の経典が漢訳され始めると「チーナ」が「支那」となった。[105]

時は経ち、一五世紀に始まる大航海時代の先駆者となったポルトガル人はインドの東方に「チーナ」という国があると聞き、ポルトガルの宣教師や商人たちは、この「チーナ」を目指した。一方、当時その土地に住んでいた人々は、例えば、「明」の時代（一三六八〜一六四四年）であれば、「大明国の人々」という具合で自分たちのことを表現しており、「中国人」などと自覚していなかった。「チャイナ」という国は外国人の想像力の中にのみ存在したに過ぎなかったのである。[106]

そもそも「中国」という言葉自体も、現在とは異なり、歴史的にみると、すぐさま「国家」を指したわけではなかった。岡田や宮脇によれば、「中国」という言葉のいちばん古い意味は、「中央の都市」や「みやこ」であり、そして都市化している「中国」(zhongguo) と都市化していない「蛮《ばん》夷《い》」を含む概念が「天下」(tianxia) だった。(107)「国家」を意味するかたちで「中国」という呼称が使用され始めたのは実は二〇世紀初頭のことであった。

「正統」をめぐって

中国近代史の専門家、岡本隆司が指摘するように、「中国史」では「正統」という観念が常に付きまとっている。高校世界史で学習するように、「中国史」といってもさまざまな王朝による交代が頻繁にみられ、ほとんど全ての場合、中国大陸の北と南に異なる政治体制が同時期に存在する「南北朝」の状態だった（表10）。現在の中華人民共和国（北京政府）と中華民国（台湾）があることを想起すればイメージしやすい。

秦の始皇帝から皇帝制度が開始して以降、「天」から「天下」を治める「命」を受けた「天子」が皇帝として君臨し、皇帝の血統を同じくした集合体が王朝だった。そして王朝が交代することを「天命」が「革《あらた》」まる、すなわち「革命」と呼ばれた。「中国」にとってみれば、「天」は一つ、だから「天下」も一つ、そこを統治する「天子」も一人でなければならないのに、「南北朝」ではどうも具合が悪い。そうであるから、「中国」を支配する者は決まってあるテーゼを何度も口にする。「一つの中国」がそれである。(108) これらのことを考えると、現在の中華人民共和国にとっての台湾統一は、

時代の呼称	王朝名(網かけは正統)	西暦
三代	夏	B.C.1600
	殷	B.C.1000
	周(西周)	
春秋	秦／東周	
戦国	秦／六国／東周	B.C.221
漢	秦	B.C.202
	前漢(西漢)	9
	新	25
	後漢(東漢)	220
三国六朝	呉／蜀／魏	221
	呉／魏	265
	呉／晋(西晋)	317
	五胡十六国／普(東晋)	
	五胡十六国／劉宋	
	北魏／南斉	
	北魏／東魏／梁	
	西魏／北斉／梁	
	北周／北斉／陳	
	隋／陳	589
唐	唐	618
		907
五代	契丹／十国／後梁	
	契丹／十国／後唐	
	契丹／十国／後晋	
	契丹／十国／後漢	
	契丹／十国／後周	960
宋	契丹／北宋	1125
	金／北宋	1127
	金／南宋	1213
	蒙古／南宋	1276
元	大元国	1368
明	北元／明	1616
	後金／明	1636
	清／明	1644
清	清	1912
中華民国	袁世凱政権	1916
	北京政府	1927
	国民政府	1931
	満洲国／国民政府／汪兆銘政権	1945
	国民政府	1949
中華人民共和国	中華民国／中華人民共和国	

（出所）岡本隆司『中国の論理』（中公新書）19頁を基に筆者作成

表10 中国史における「正統」

「正統」をめぐる問題でもあるのだ。

未完の「中国」

このように見てみると「中国史」と一口に言っても、「秦」や「明」、「清」（一六三六～一九一二年）が、近代的な意味での国民国家（ネイション・ステート）ではないことが分かる。そもそも、我々が当たり前のように使う「国民」とは、「国」と「民」が一体化したネイションを指すが、「中国」においては、「国」と「民」は一体のものではなかった。「国」とは王朝を意味し、「民」とは「国」の領有の対象となるよそ者に過ぎなかった。そうであったから、一九一一年に辛亥革命を起こした孫文は「中国（人）」というネイションの創出を畢生《ひっせい》の念願としたと岡本は指摘している。(109)

こうした問題意識は孫文以前にも存在してはいた。一八八七年、清の外交官だった黄遵憲は、新たな任地である明治維新を通して急速に近代国家となりつつあった日本に五年間滞在し、自分の国には「正式な名称」がないと不満を唱えた。滞在中、黄は以下の内容を含む報告書を執筆し、清朝の改革を提唱したことがある。「調査によって、英国やフランスなど地球上の多様な国々は、みな自国の名称に誇りを持っていることが分かった。唯一の例外が我が国『zhongguo』だ。（…中略…）他国の言語でさまざまに翻訳されている『Ｃｈｉｎａ』は、我々自身が使ってきた名称ではない」

日本を訪れたことのある清のもう一人の改革派、梁啓超も一九〇〇年に論文「中国（zhongguo）

の弱さの源について」を執筆し、外国人が自分たちの国を呼ぶ際に使用していた「China」に相当する名称として「中国」（zhongguo）を選んだ。ところが、清朝末期の指導者たちは、黄や梁ら改革派の意見を弾圧し、清朝において本格的な改革はついに起こらなかった。

こうした中で発生したのが辛亥革命だった。時は少し遡るが、一八九四年、孫文は満洲人の王朝である清朝打倒を目指す興中会をハワイで発足し、「タタール人を追放し、中華を復活させ、統一政府を樹立する」誓いを立てた。興味深いのは、孫文や革命派が用いたのは「中国」ではなく「中華」であったことだ。孫文は、モンゴル人（タタール人）の王朝、元朝を倒した明朝初代皇帝の朱元璋のスローガン「タタール人を追放し、中華を復活させる」を借用したのである。

孫文たちは漢語ではなく満洲語を話し、東北部にルーツを持つ清朝の支配者たちもタタール人だと決めつけた。孫文たちの目からすれば、モンゴル人も満洲人もよそ者であり「中華」の構成員の資格のない排除の対象であった。辛亥革命が始まると「排満革命」のスローガンを文字通りに受け取った孫文の支持者たちは、各都市で満洲人の殺害を開始した。記録に残っているものだけでも、武昌（武漢）で五〇〇人以上、西安では約一万人、福州、杭州、太原では約二万人の満洲人が革命派によって容赦なく殺害された。

このような大量殺害が止まらなくなることを恐れた各地のリーダーたちは革命派を糾弾し止めるよう要請した。こうした風潮の中で新たなスローガン「五族共和」（漢・満・蒙・チベット・ウイグル）が登場し、中華民国初期の理念となった。もともと清朝は、皇帝に直接支配されていた満洲人と漢人を「まんなかの領民」（満洲語でdulimbai gurun、都市を意味する「中国」とほぼ同義）、皇帝と同盟関係にありながら自治を認められていたモンゴル人、チベット人、ウイグル人は「そとがわ」（満洲語でtulergi）と呼ばれており、清朝の本質は、岡田や宮脇が言うように「ゆるやかな同君連合国家」だったことが、革命のスローガン「五族共和」の「五族」に反映されている。ところが、中華民国は第二次大戦後の内戦で毛沢東に敗れ台湾へと敗走する。

ちなみに、孫文にとっての日本統治下の台湾は、将来の中華民国の一部にするよりも、清朝打倒の足場としての価値が高かったことから、孫文や革命派は当時、日本の領域だった台湾の脱植民地化には関心を示さなかったと興味深い指摘をヘイトンは行っている。[110]

一九四九年一〇月に毛沢東が北京で中華人民共和国建国を宣言してから時は流れ、習近平は「中華民族の偉大なる復興」を掲げながら、「人類運命共同体」建設のためグローバルな最終闘争を行っている。

このように「中華」とはアメーバのように拡大も縮小も人為的に行える概念である。孫文にとっての「中華」には満洲人やモンゴル人は含まれていなかったが、習近平の言う「中華民族」は五六民族をひとまとめにした総称となっている。そもそも中華人民共和国では、いまだに全ての国民が「中国人」というアイデンティティを持っていない。チベット出身者は「チベット人」、ウイグル出身者は

「ウイグル人」、香港出身者は「香港人」とほとんどが回答することを想起すればよい。現在の中華人民共和国は、「中国人」あるいは「中華民族」というナショナル・アイデンティティを持った「国民」（ネイション）を創り上げる、まさに「国民国家」（ネイション・ステート）建設の途上にあるのである。

「中国」は未だ完成していないのである。

そうであるから、中国共産党政府の統治の正統性への疑問も、同政府によるチベット、ウイグル、香港、内モンゴルでの人権弾圧を国際社会が問題視するのも、日本を含め国際社会が熱心に台湾を応援していることも、「結局、中国とは何か、中華とは何か」と問われたとき、明確に回答できない中華人民共和国にとってみれば、「中国」や「中華」を完成させるうえでの大きな弊害となっている。

そうであるから、中華人民共和国を頂点とする「全人類運命共同体」を建設し、既存の国際秩序を変革してしまえばよいと考えている。そうすれば、世界のどこからも中華人民共和国が抱える多くの問題に対する疑念の声が向けられることはなくなるからだ。

本章で整理した中華人民共和国のハイブリッド戦争遂行能力は、同国政府のこうした野望を達成するために海洋における権益維持や反体制派などに対する監視を含めた情報工作や統一戦線工作をグローバルに行うために整備されているものと考えるべきであろう。

第4章　揺れる国際秩序

第一節　ハイブリッド戦争の脅威

ハマス・イスラエル戦争

筆者が前著『ハイブリッド戦争の時代―狙われる民主主義』を刊行した二〇二一年以降も、国際秩序は増加するハイブリッド戦争の脅威に揺れている。二〇二一年五月一〇日、イスラム過激武装テロ組織ハマスはイスラエルに四三六〇発に及ぶロケット弾を撃ち込み、イスラエル攻撃を開始した。ロケット弾のうち、約六八〇発はイスラエルに到達せず、イスラエル国防軍が誇る防空システム「アイアンドーム」によってイスラエルに到達した九〇パーセント以上のロケット弾は撃墜された。二〇二〇年に領域横断作戦部隊を創設していたイスラエル国防軍は領域横断作戦を効果的に戦い、(111)ハマスが実効支配するガザ地区内の武装組織の幹部、軍事拠点、同地区内の地下トンネルなどを標的とした空爆を一五〇〇回以上実施し、イスラエル側に一三人、パレスチナ側で二五六人の死者を出しながらも、エジプト政府の仲介による停戦で、五月二一日に戦闘終了を実現した。

二〇二一年五月のイスラエル攻撃に事実上失敗したハマスは二年後の二〇二三年一〇月七日、ユダヤ教祝日シーズンの最後の日を狙ってイスラエルに対し大規模攻撃を再開した。ハマスはイスラエル各地に向け五〇〇〇発に及ぶロケット弾を発射しながら、ガザ地区に隣接するイスラエル南部各地に陸・海・空の各方面から戦闘員を侵入させ、イスラエル国民や滞在中の外国人多数を殺傷し、さらに多数を拉致してガザ地区内へ連行した。一九四八年のイスラエル建国から、かつてない規模の攻撃を受けたイスラエルは、翌八日、戦争を宣言し、ハマスに対する自衛措置をとった。一一月初旬にガザ地区における地上作戦を遂行し、ガザ地区内でハマスと市街戦を戦うこととなる。

イスラム過激武装テロ組織ハマスに自衛権に基づきガザ地区で軍事作戦を開始したイスラエルに対して、「ハマス＝ガザ地区」、「ハマス＝パレスチナ」、「ハマス＝イスラム教徒」と捉える反戦団体――一部は反ユダヤ主義者――による反戦運動が世界各地で盛り上がりを見せた。ニューヨークやロンドンでは親イスラエルと親パレスチナの市民がにらみ合う大規模抗議活動が行われ、イスラム教国ではあからさまな反イスラエルの集会が催された。イスラエル国防軍は隣国レバノンを拠点とし、シリアでも活動しているイスラム過激武装テロ組織ヒズボラとも散発的に戦闘を行い、これに、日本を含む世界の主要メディアは「イスラエルが紛争を拡大させている」かのように報じた。

戦場では圧倒的優位に立っているはずのイスラエルが国際社会における世論形成を含む情報戦の面で事実上、敗北している様子が浮き彫りになった。戦闘開始から二か月が経過した一二月初旬時点で、双方の死者が一万五千人を超えたハマス・イスラエル戦争は、第1章で整理したハイブリッド戦争（米国・イスラエル型理解）の難しさを示している。

イランのしかけるハイブリッド戦争

二〇二三年一〇月のハマスによるイスラエルへの大規模攻撃は、イランがしかけるハイブリッド戦争であると考えられる。二〇二〇年夏、当時のトランプ政権はイスラエルとUAEの国交正常化に関するアブラハム合意をまとめ上げ、UAEに続いてバーレーン、スーダン、モロッコがイスラエルと国交正常化を果たし、すでにイスラエルと国交のあるエジプト、ヨルダンを加えると、イスラエルと国交を持つアラブ諸国が六か国となっていた。

二〇二三年九月には、アラブ諸国の盟主サウジアラビアがイスラエルとの国交正常化に向かう動きがあった。それまでは、実質的にイスラエルが孤立していた中東情勢が、今度は核開発や代理勢力（プロキシー）を動員した秩序攪乱行為を頻繁に行うイランが孤立するかたちに変化しようとしていた。イランとしては、代理勢力（プロキシー）のハマスやヒズボラにイスラエルを攻撃させ、イスラエルがガザ地区への大規模報復に踏み切れば、アラブ諸国を含めた国際世論を親パレスチナ、反イスラエルに変えることができる。こうした戦略的動機があったイランが今回の攻撃に関与しているものと考えるのが妥当である。事実、サウジアラビアとイスラエルの国交正常化の動きは凍結となった。

また米当局は、ハマスとロシアの「民間軍事会社」（ＰＭＣ）ワグネルが同盟関係を持ち、ワグネルがハマスに武器供与をしている可能性を疑っている。さらに、『朝鮮日報』（二〇二三年一一月七日付）によると、レバノンの首都ベイルートに滞在するハマスの幹部アリ・バラケがレバノンのニュースチャンネルでのインタビューで「北朝鮮が介入する日が来る可能性がある。なぜならば、結局は我々の同盟の一部だからだ」としたうえで、ＩＣＢＭ（大陸間弾道ミサイル）を開発している北朝鮮が、「いつか共に米国を攻撃する可能性もある」と発言している。ハマスは北朝鮮やロシアとある種の同盟関係を形成していると理解すべきだ。

そんな北朝鮮は二〇二三年九月以降、ロシアとの軍事協力を深化させている。ロシアにしてみても、国際社会の関心を、ウクライナ侵攻を含む「ソ連２・０」創設の野望から中東情勢に移すこともできるという戦略的動機があることも見逃してはならない。

ちなみに、ハマスがイスラエルを大規模攻撃した一〇月七日はプーチンの誕生日でもあった。

また、イスラエルや米国とその同盟国は、ガザ地区を超えて中東各地でイランがしかけるハイブリッド戦争の脅威に直面している。一〇月一七日以降、イラクとシリアに駐留する米軍に対して、革命防衛隊が支援している親イラン派武装勢力による攻撃が二か月間で七六件あり、米兵数十名が負傷する事態に陥った。これに対し米軍はイラクやシリアの親イラン派武装勢力にドローンなどを使用した精密攻撃で対応している。

二〇二四年一月二八日未明には、ヨルダンに駐留する米軍基地への無人機攻撃があり、三名の米兵が死亡した。すでにハマス・イスラエル戦争は発生してから中東の米軍や有志連合軍に対するこうした攻撃の数は一六五件に上り、ハマス・イスラエル戦争発生から初めて米軍に死者が出たこの攻撃は、イラクを拠点にイランの支援を受けたイスラム過激武装テロ組織「神の党旅団（カタイブ・ヒズボラ）」によるものとみられている。[112]

フーシー派の加勢

さらに、ハマスやヒズボラと共に、イラン主導の反イスラエル・反米ネットワーク「抵抗の枢軸」を形成しているイランの代理勢力（プロキシー）のフーシー派による空からの、また海上における秩序攪乱行為も活発化している。フーシー派のスローガンは「米国に死を、イスラエルに死を、ユダヤ教徒に呪いを、イスラムに勝利を」である。

二〇一四年のイエメン内戦以来、首都サヌアを実行支配するフーシー派の脅威に対し、隣国のサウジアラビアやUAEを主体とする有志連合軍はフーシー派への攻撃やイエメンに対する陸海空の封鎖を実施してきた。それまでイエメン内戦の地上戦で陸上戦力と航空戦力――ミサイルやドローン――を駆使してきたフーシー派は、やがて水上即席爆発装置（ＷＢＩＥＤ）やミサイルなどの紅海やアデン湾における海上戦力も充実させるようになり、有志連合軍の海上封鎖に対抗し始めた。二〇一七年一月にサウジアラビア海軍艦船の乗組員二名が死亡した攻撃や二〇二〇年一二月の同国海軍政府艦隊司令部のあるジェッダ攻撃に成功するなど、ＷＢＩＥＤを用いた海上攻撃は着実に実績を上げている。

またフーシー派は海上戦力として船舶拿捕を目的とする戦闘員も動員しており、二〇二二年一月三日には紅海においてＵＡＥ船舶「ルワービー」を拿捕し、乗組員一一人を拘束する作戦を成功させている。(113)

二〇二三年一〇月七日にハマスがイスラエルを大規模攻撃してから間もなく、同月一九日、紅海北部に展開していた米海軍のミサイル駆逐艦「カーニー」が、イスラエル攻撃のためにフーシー派が発射した巡航ミサイル三発と多数のドローンを撃墜した。二七日にはシナイ半島のイスラエル国境付近と紅海沿いの町にそれぞれドローン一機が落下し、負傷者が発生した。三一日にはフーシー派は大量の弾道ミサイルと巡航ミサイル、ドローンをイスラエル軍に向けて発射した。イスラエル軍は「アイアンドーム」よりも射程の長いミサイル迎撃システム「Ａｒｒｏｗ」で弾道ミサイルを迎撃し、巡航ミサイルとドローンについても戦闘機によってこれらの飛翔体を迎撃した。翌月九日にも同様のイスラエルへの弾道ミサイル攻撃をフーシー派は行っている。

NHKの取材に対し、フーシー派の幹部の一人ナセルディン・アメル報道官が「攻撃は始まったばかりだ。今後、これまでとは比べものにならない攻撃をしかける。私たちは四年も五年も前からイスラエルへの攻撃を想定して準備を進めてきた」と発言するなど、フーシー派は確信犯的にイスラエル攻撃に加勢している。(114)

一一月一九日には紅海上で日本郵船が運行する自動車運搬船「ギャラクシー・リーダー」がヘリコプターから降下したフーシー派の戦闘員により拿捕された。同運搬船はイスラエルの富豪が経営する「レイ・シッピング」社が保有しており、日本郵船にリースされていた。フーシー派は今後、海上における標的対象として、①シオニスト政体(イスラエル)の旗を掲げた船、②イスラエル企業が操業する船、③イスラエル企業が所有する船の三点を挙げ、各国にイスラエルへの関与を止めるよう呼びかけた。

一二月三日、バハマ船籍の貨物船「ユニティー・エクスプローラー」からの救難信号に対応した米海軍の「カーニー」がフーシー派のドローン三機を撃墜した。六日には、米海軍のミサイル駆逐艦「メイソン」が自艦に向かって飛んできたフーシー派のドローン一機を撃墜した。一〇日、紅海でイエメンのフーシー派支配地域から飛来したドローン二機をフランス海軍のフリゲート艦「ラングドック」が迎撃した。(115) 翌日には、紅海とアデン湾の結節点であるバブ・エル・マンデブ海峡をイスラエルへ向けて航行していたノルウェー船籍のタンカー「ストリンダ」がフーシー派から巡航ミサイル攻撃を受け、船上で火災が発生した。[116] 一六日には、やはりイエメンのフーシー派支配地域から飛来したドローン一四機と一機を米海軍の「カーニー」と英海軍のミサイル駆逐艦「ダイヤモンド」がそれぞれ迎撃した。[117]

フランス海軍のフリゲート艦が自衛目的で艦対空ミサイルを使用したのは初めてのことであり、英海軍のミサイル駆逐艦「ダイヤモンド」が艦隊防空システムを発動させたのは湾岸戦争以来の実に三二年ぶりのことであった。

米国のジェイク・サリバン大統領補佐官（国家安全保障問題担当）が言うように、「イランが銃を提供し、フーシー派が引き金を引く」という、[118] いわば「海洋ハイブリッド戦争」とでも呼ぶことができる状況が、二〇二三年暮れにかけて、ハマス・イスラエル戦争と同時進行で、紅海やアデン湾で発生した。

二〇二三年一二月二六日、イスラエルのヨアブ・ガラント国防相が、イスラエル議会の外交・防衛委員会で「我々は多方面の戦争状態にある」と発言した背景には、こうした状況があるのだ。[119] 二〇二四年以降もイランがしかけるハイブリッド戦争の対応から、イスラエル軍による中東各地への軍事作戦は継続していく見込みだ。

ベラルーシ難民危機

二〇二一年五月のハマスのイスラエル攻撃から数か月が過ぎた東欧でも、ロシアが関与するハイブリッド戦争（ヨーロッパ型理解）が発生していた。その舞台は、ベラルーシとリトアニア、ポーランド国境付近で発生した。

二〇二一年八月、アフガニスタン、イラク、シリアなどから数千人のイスラム系難民がベラルーシの国境地帯に集められ、EU加盟国のリトアニアやポーランド側への不法越境を試みる事件が起きた（ベラルーシ難民危機）。これらのイスラム系難民はイラクやトルコの旅行会社に正式な手続きを行い、観光ビザを取得してベラルーシに入国していた。

ベラルーシ難民危機が発生する過程で、インターネット上にはベラルーシのツアー広告が飛び交っていた。わざわざベラルーシ当局が、観光客として入国したイスラム系難民をポーランドやリトアニア国境に連れてきて国境地帯を不安定化した点について、当時、現場で取材していた朝日新聞社の記者、村山祐介は次のように指摘している。

> 合法的に観光ビザを取得して入国しているとしても、ベラルーシ当局がどうして簡単に発行するようになったのか。なぜそれがアフガニスタンやシリア、イラク、イエメンといった地域に広まったのか。そこに仲介業者が都合よく現れて利益を得るようになったのか。すべて自然発生し

たとは思えない、何らかの政治的な意図があることはほぼ間違いない、と私は考えています。[120]

ポーランド当局によると、二〇二一年一〇月までの三か月間、不法越境の試みは二万五八〇〇件を超えた。やがて難民たちはポーランドの国境警備隊に対し投石を開始した。ポーランドとリトアニアは非常事態を宣言し、両国の国境警備隊は高圧放水や催涙ガスなどで対応するなど緊迫した状況が続いた。

同年九月、NATOは戦略的コミュニケーション、カウンター・インテリジェンス、重要インフラ保護を専門とする文民を中心とする専門集団CHST（カウンター・ハイブリッド・サポートチーム）をリトアニアに派遣するなど、情勢は緊迫の一途をたどった。結局、EUはベラルーシ経由のイスラム系難民の受け入れを最後まで拒否し事態は収束したが、ベラルーシ難民危機の間、ロシアやベラルーシは「EUの人道主義は欺瞞である」との情報戦を展開した。

二〇二一年一一月一五日、EU外相理事会はベラルーシが難民を武器にヨーロッパに対してハイブリッド攻撃をしかけているとベラルーシを非難した。[121]ポーランドのシュチェチンに本部を置くNATO多国籍軍団北東部（MNC・NE）の民軍関係を扱う部署（J9）も一連の難民危機はベラルーシ発のハイブリッド作戦だったと評価している。[122]

これを裏付けるように、パラツキー大学（チェコ）のオンドレイ・フィリペツによる研究は、二〇二一年の難民危機の背後には、ベラルーシの情報・治安当局、具体的には、KGB、OMON（警察特殊部隊）、ベラルーシ国家国境軍委員会の関与があったと指摘している。英国のチャタムハウスのアソシエイト・フェローのサマンサ・デ・ベンダーンは、難民危機に直面する中東欧諸国の社会が動揺し、EUやNATOの一体性も揺らぐことで漁夫の利を得るのはロシアであることから、ベラルーシはロシアの代理勢力（プロキシー）となっていると指摘している。[123]

前著で紹介した、反移民・難民や反イスラムを掲げるヨーロッパにおけるキリスト教文化や伝統を重視する右派ポピュリズム（大衆迎合主義）の台頭が、EUやNATOの一体性を内側から突き崩すことにつながり、権威主義諸国発のハイブリッド戦争の脅威の餌食となってしまっているメカニズムを踏まえれば、イスラム系難民をヨーロッパに送り込んだロシアやベラルーシの戦略的意図は、人道主義を掲げながらも、放水や催涙ガスを浴びせるEU当局のダブルスタンダードを痛烈に批判する情報戦を国際社会向けに行いながら、イスラム系難民を警戒し、ヨーロッパ統合に懐疑的な右派ポピュリズムの波をヨーロッパ全域で作り上げ、対外的にも対内的にもヨーロッパの威信や一体性を失墜させることにあったと考えられる。

移民・難民の「武器化」

ただでさえ情勢が不安定な中東・北アフリカに、ロシア政府がワグネルを送り込み、現地情勢をさらに悪化させ、結果的に大量の移民や難民が発生し、ヨーロッパへと向かう流れを創り上げる移民や難民の「武器化」（ウェポナイゼーション）は、ハイブリッド戦争の一環であるとヨーロッパでは捉えられている。[124]また、「ワグネルの乱」（二〇二三年六月）後、ワグネルの一部要員がベラルーシに滞在していることを受け、バルト三国やポーランドは自国領土にワグネルがハイブリッド戦争をしかけてくることを警戒している。[125]

東欧のみならず地中海を挟んで中東・北アフリカ地域に面する南欧のイタリアでも移民・難民の「武器化」によるハイブリッド戦争への警戒感が高まっている。[126]二〇二三年に入り、一月から三月までに地中海を渡ってイタリアに入国した移民は二万七四五三人で前年同期の六八三二人の四倍となっている。さらにリビアにはイタリアに入ろうとしている潜在的移民が六八万五〇〇〇人いるとの推計もあった。ＵＮＨＣＲ（国連難民高等弁務官事務所）によると、すでに前年の段階でイタリアにいる難民は約一七万人のウクライナ難民と中東・北アフリカ地域を主な出身地とする約一三万人の難民の合計三〇万人を抱えていた。[127]

三月一三日、イタリアのグイド・クロセット国防大臣は報道発表文で「アフリカ北部の地中海沿岸からの移民が急増していることについては、アフリカの一部の国で強い影響力を行使しているワグネルのハイブリッド戦略の一環であることは明らかだ」と主張した。同日、訪問先のイスラエルでアントニオ・タヤーニ外務大臣も「多くの移民がワグネルの支配地域からやって来る」ことへの懸念を語った。[128]四月一一日、イタリアのジョルジャ・メローニ首相は急増する移民流入に際し、過去の自然災害やコロナ対応で行われたように、期限を六か月とする緊急事態を宣言するにいたった。

このように厳格な移民・難民規制を掲げたメローニ政権ではあったが、九月中旬には同国南部ランペドゥーザ島に北アフリカから一万人の難民が押し寄せるなど、難民流入に歯止めがかかっていない。同月一九日、メローニ首相は報道陣の前で「イタリアをヨーロッパの難民キャンプにはさせない」と訴えるほど、[129]イタリアも深刻な難民危機を抱えている。そんなメローニ政権を、ロシアの思惑通り、海外主要メディアや日本の報道機関は「右派ポピュリズム政権」と紹介する始末である。

ロシアはポーランドやリトアニア、イタリアに対して行った移民・難民を「武器化」させたハイブリッド攻撃を二〇二三年一一月にロシアと国境を接するフィンランドにも行っている。フィンランド国境警備隊によると、一一月に入り、以前は一日当たり一人未満だった難民が、数週間のうちにアフガニスタン、ケニア、モロッコ、パキスタン、ソマリア、シリア、イエメンなどから最大九〇〇人の難民がロシア経由でフィンランドに入国する事態が発生した。この不自然な難民増をフィンランド政府はロシアがしかけるハイブリッド戦争と警戒している。

一一月二四日、フィンランドのペッテリ・オルポ首相は「ロシアに対し、こうした行動をやめなくてはならないという明確なメッセージを送りたい」とし、「現時点でこれは難民申請者の問題ではない。ハイブリッド攻撃と国家安全保障の問題だ」と述べた。四日後、難民申請者の大量流入を食い止めるため、フィンランド政府は今後二週間、ロシアとの国境を全面的に閉鎖することを決定するにいたった。[130]

一二月七日、EU圏の国境警備を担うヨーロッパ沿岸国境警備機関（フロンテックス）はフィンランドとロシアの国境に約五〇人の警備隊を翌年一月末まで配置することを発表した。フロンテックスの報道官は、「移民を用いて圧力をかけるのはロシアの常とう手段の一つで今後も続くだろう」とロシアへの警戒感を示した。[131] 翌年一月一〇日、事態の状況が変わらないことを理由に、フィンランド政府はロシアとの国境封鎖措置の延長を発表した。[132]

これら一連の危機を起こしながらウクライナ侵攻を続けるロシアは、旧ソ連のモルドバにもハイブリッド戦争をしかけ、[133] 同国がEUやNATOに加盟しないようさまざまな工作を行っている。「ソ連2・0」を創設するために有利な戦略環境を創り上げるためロシアはあの手この手で東欧のみならずヨーロッパ各地で不安定化工作を行っている。

中露関係の深化

中東情勢や東欧情勢を不安定化させているイランやロシアと事実上の同盟関係にあるのが、中華人民共和国である。二〇二一年三月二七日、中華人民共和国とイランは「イラン・中国包括的協力プログラム」と題する文書に署名し、経済や安全保障における協力を強化する二五か年の協定を締結している（合意内容は非公開）。ウクライナ侵攻直前の二〇二二年二月四日、北京を訪問したプーチンと習近平は「新時代の国際関係とグローバルな持続的発展に関する共同声明」を発表し、翌年三月二一日、モスクワを訪問した習近平はウクライナ侵攻を続けるプーチンと会談し、両者は「新時代の全面的戦略協力パートナーシップの深化に関する共同声明」を発表した。ちなみに同日、岸田総理はウクライナを訪問している。

二〇二二年中露共同声明には次のような一節がある。

現在、世界は大きな変化を遂げ、人類社会は大きな発展と変化の新時代を迎えている。世界の多極化、経済のグローバル化、社会の情報化、文化の多様化が引き続き進展し、グローバル・ガバナンス体制と国際秩序の変化が引き続き進み、各国の相互連携と相互依存が大きく深まり、国際的なパワー分布が再構成される傾向にあり、国際社会の平和と持続的発展への要請はより強くなってきている。その一方で、新型コロナの流行は世界大に広がり続けており、国際的・地域的な安全保障状況はますます複雑化し、グローバルな脅威と課題は増加の一途をたどっている。

一方、二〇二三年中露共同声明には次のような一節がある。

現在、世界の動きは加速度的に変化し、国際構造は重大な調整を迎えている。平和、発展、協力、互恵は止めることのできない歴史の流れとなっており、多極化された国際構造の形成が加速している。新興市場や途上国の地位は総じて強化されており、グローバルな影響力を持った、自らの正当な権利と利益を守る決意を有する地域大国の数がますます増えている。

中国専門家の益尾千佐子は、人類の「新時代」や「国際的なパワー分布の再構成」が意識され、「国際的・地域的な安全保障状況はますます複雑化」していると認識されている二〇二二年中露共同宣言の内容を踏まえ、二〇二三年中露共同宣言では「国際構造の重大な調整」がすでに始まっており、来るべき「歴史」の流れは「多極化」に向かっているとの判断が下されていると簡潔にまとめている。(134)

二〇二二年中露共同声明でロシアとの友情に「限界はない」としている中華人民共和国としては台湾統一に着手するため、ハマスのイスラエル攻撃やイランの代理勢力(プロキシー)による秩序攪乱行為で揺れる中東や、ウクライナ侵略に加えてロシアが移民・難民を「武器化」して北欧から南欧一帯で行うハイブリッド戦争に揺れるヨーロッパに対し、米国に軍事的関与をさせ、インド太平洋地域における米国の軍事プレゼンスを低下させようとする戦略的動機を持っていることは明らかである。とはいうものの、インド太平洋を最重要正面としている米国は同地域における軍事プレゼンスを維持し続けているが、こうした状況がいつまで続くかは不透明である。

緊張高まる中台関係

二〇二二年八月、米国のナンシー・ペロシ下院議長が台湾を電撃訪問した際の中華人民共和国による台湾社会への情報戦や台湾周辺での軍事演習は、中華人民共和国が台湾統一への野心を確実に持っていることを国際社会に知らしめた。八月二日二二時過ぎにペロシは台湾に到着したが、すでに台湾の行政機関は中国大陸から一万五〇〇〇ギガバイトものサイバー攻撃を受けていた。三日にペロシは蔡英文総統ら台湾政府要人と会談を行ったが、同日、台湾の大手コンビニチェーン・セブンイレブンの複数店舗の電光掲示板に「ペロシは台湾から出ていけ」と、台湾鉄道各駅の電光掲示板に「ペロシを歓迎した者は、人民の審判を受ける」と中国大陸で用いられる簡体字で表示された。ペロシが台湾を離れた翌日の四日、台湾外交部報道官は外交部公式サイトに中華人民共和国やロシアのＩＰアドレスから一分間に八五〇〇万回のアクセスがあったため、サーバーがダウンしてアクセスが不能になったことを発表した。

そして中華人民共和国は台湾を取り囲むように六か所のエリアを設定し「重要軍事演習」を開始した。四日以降、中国人民解放軍は一一発の弾道ミサイル発射を行い、一部の弾道ミサイルは首都、台北の人口密集地の上空を越えて台湾東部海域に着弾し、また五発の弾道ミサイルが沖縄県波照間島南西のEEZ内に着弾した。四日からの軍事演習は一〇日に終了したが、この間も中国大陸から台湾へのサイバー攻撃が相次いだ。軍事演習が始まる前から八月八日までの間に総統府や国防部の公式サイトに二七二件の偽情報が拡散された。台湾国防部によると、その内容は、①台湾を武力で統一する雰囲気を醸成する、②台湾政府の威信を損なわせる、③台湾の軍隊と民衆の士気を乱す、というものであった。(135)

このように中華人民共和国からの脅威が及ぶ中、二〇二三年九月一二日、台湾は日本の『防衛白書』に相当する『国防報告書』を公表した。『国防報告書』第一章「戦略環境」において、台湾は「両岸の平和と安定を維持することが最優先であり、緊張をエスカレートさせたり挑発したりはしない」と述べ、中華人民共和国が台湾に武力を行使するか否かは習近平の意思次第であり、台湾侵攻は台湾の意図にかかわらず生じうるものであることを警告した。

第二章「安全への挑戦」では、民用の航空機や船舶などを動員した上陸作戦やメディアやインターネットを使った認知戦などを含んだ台湾侵攻作戦を想定したさまざまな演習を繰り返すことにより、実現可能な作戦の検証を中華人民共和国が進めているとの指摘がされている。また、「グレーゾーン」における軍事・非軍事のさまざまな手段による中華人民共和国のハイブリッド戦争が常態化しているとの認識も示されている。

日米同盟やNATOのような集団防衛同盟を持たない台湾は、国際社会にとって台湾がいかに守るべき・支援すべき価値があるのかという点も『国防報告書』に記されている。邱国正国防部長による巻頭言は、台湾は「中国による東部太平洋への海洋進出を封じ込めるための要」であり、政治的にも「権威主義と対峙する民主主義の最前線」にあたるとしたうえで、歴史的にも「台湾海峡のみならず国際社会の岐路にある」と強調している。[136]

二〇二四年一月一三日の台湾総統選挙に対する影響工作の一環としての中華人民共和国からの情報戦への警戒感は台湾社会の中で広まりつつある。二〇二三年一二月九日のＴＢＳニュースは、台湾市民の八三パーセントが偽の動画・画像やフェイク・ニュースに接触経験があるとした台湾大学などの調査結果を報じた。そんな台湾では、中華人民共和国が情報戦の一環で台湾にしかける認知戦に対処するための民間組織「台湾ファクトチェックセンター」が活躍している。また別の民間組織「Ｃｏｆａｃｔｓ」は学生や社会人を対象に偽情報を見破るための「ファクトチェッカー」養成事業を積極的に行っている。かつて台湾の国家体制が権威主義体制だったこともあり、政府主導でこうした取り組みを行うことが民主化以前の政府による言論統制の記憶を呼び起こすことから、現在の台湾では民間組織が主体的に偽情報対策に取り組んでいるのは興味深い。[137]

現在の国際秩序は、中華人民共和国、ロシア、イランやこれらの権威主義諸国の代理勢力（プロキシー）として動員されている非国家アクターによって大きく揺れているのだ。

第二節　国際政治学理論の弊害

主要三理論

序章でも指摘したように、安全保障研究は国際政治学者の手により行われる傾向がある。国際政治学者は、初期の段階で必ずと言ってよいほど、国際政治学の主要三理論を学習する。[138] 本書の中心的テーマであるハイブリッド戦争という概念から国際情勢を分析する際、国際政治学者が国際政治の主要理論の枠組みにとらわれ過ぎると、かえって現実の国際情勢を適切に理解できなくなってしまうというのが筆者の立場である。

どういうことであろうか。

この点を理解するために、ここでは国際政治学の主要な三理論を簡単にまとめておこう。

リアリズム（現実主義）

政治学が紀元前の古代ギリシア時代にその起源を持つ一方で、国際政治学は第一次大戦後に誕生した比較的新しい学問領域である。国際政治学それ自体は、もともと第一次大戦後の英国で誕生したが、それが飛躍的に発展したのは第二次大戦後の米国においてであった。

第二次大戦後の米国でまず登場した主要理論の一つが、リアリズム（現実主義）である。リアリズム理論は、国家アクターを分析対象とし安全保障を主なテーマとして扱う傾向にある。リアリズムは、国際政治の本質を国家間のパワー・ポリティクス（権力闘争）と考える。シカゴ大学のハンス・モーゲンソーは、人間は権力を欲するという仮定から国際政治の本質をパワー・ポリティクスであると論じた。

人間の本性から国家はパワーを欲すると論じたモーゲンソーとは異なり、カリフォルニア大学のケネス・ウォルツは、国内社会とは異なり統一的な中央政府に該当する世界政府が存在しないというアナーキー（無政府状態）な国際社会の性質に注目し、アナーキーな国際システムで生き抜くために、国家はパワーを欲すると説明した。また第二次大戦後の米国で流行した政治現象を科学的に捉えようとする科学主義の影響もあり、ウォルツはアナーキーな国際システムという国際構造を独立変数（原因）とし、パワーや安全保障を追求する国家行動を従属変数（結果）とするモデルを提示した。こうしたことから、モーゲンソーが古典的リアリストと呼ばれるのに対し、ウォルツは構造的リアリストと呼ばれる。ウォルツによれば、アナーキーな国際システムで生き抜くため、いかなる国家も合理的に同様の行動をとると考えた（ライク・ユニット論）――ライク（like）とは「同様の」という形容詞――。

リベラリズム（理想主義）

リアリズムと並んで代表的な国際政治学理論にリベラリズム（理想主義）がある。リアリズムとは異なり、リベラリズム理論は、国家以外の国際機構や多国籍企業、NGO、個人などの非国家アクターも分析対象とし、そのテーマも安全保障のみならず経済社会領域にまで多岐にわたる。

リベラリズムにはミクロ理論がいくつか存在する。まず統合理論がある。経済社会領域における国際協調の推進により平和が達成されるという機能主義や、経済社会領域の国際協調が政治・安全保障領域にも波及し（スピル・オーバー）、不戦共同体が形成されるとする新機能主義が統合理論に該当する。

また適切な訳語を探すのが容易ではないが、越境的関係論（TR：transnational relations）というものもある。これは、国際関係、すなわち国家間関係（IR：international relations）を重視するリアリズムに対して、非国家アクターによる国境を越えたトランスナショナルな関係に注目するミクロ理論である。ナイやロバート・コヘインが、非国家アクターが関与するTRによる国際協調を肯定的に捉えたのに対し、[139] 米ソ冷戦後に『文明の衝突』を出版したことで有名な政治学者サミュエル・ハンチントンは非国家アクターの中には、国際協調ではなく特定国家の利益に資する行動をとるものもあることからTRによる国際協調に懐疑的な立場をとった。[140]

さらに相互依存論というものもある。ナイやコヘインは自身のTR理論を発展させるかたちで相互依存論を提唱した。非常に簡潔に説明すれば、国家間の経済的な相互依存関係が深まれば深まるほど、お互いが経済的利益をウィン・ウィンで得られることから、国家間対立は減少するというものである。

こうして概観するだけでも分かるように、これらのミクロ理論を擁するリベラリズムも、構造的リアリズムと同様、あくまでもアナーキーな国際システムにおいて、国家は合理的に行動するという合理主義に基づいた理論である。

コンストラクティビズム（構成主義）

一九八〇年代になると、リアリズムやリベラリズムとは異なる新たなコンストラクティビズム（構成主義）が登場した。軍事力や経済力といった物質的要因に注目していたリアリズムやリベラリズムが、国際政治における規範やアイデンティティなどの理念的要因を説明できていないと批判したのがコンストラクティビズムであった。

第2章の「ペレストロイカのエージェントを探して」で記した内容の伏線回収となるが、コンストラクティビズムがリアリズムやリベラリズムに比肩する理論として一躍注目されるようになったのが、米ソ冷戦の終結という国際政治の大変化であった。例えば、コンストラクティビズムの視点からソ連体制が崩壊した要因について、イリノイ大学のダニエル・トーマスは、一九七五年に創設された

CSCEの枠内で人権などの西側の規範がソ連国内に浸透したことを挙げ、ジョンズ・ホプキンス大学のロバート・イングリッシュは、西側世界との接触を通じてソ連のエリートが西側の価値観を抱くようになったことを挙げている。(141)

冷戦終結を境に一躍注目されるようになった構成主義は、その後も、対人地雷禁止条約（一九九七年オタワ条約）やクラスター爆弾禁止条約（二〇〇八年オスロ条約）の採択に際し、「対人地雷禁止」や「クラスター爆弾禁止」といった規範を創出・推進したNGOや市民社会などの非国家アクターが「規範起業家」としての役割を果たしたと積極的に評価するなど、リアリズムやリベラリズムと共に国際政治学の主要三理論の地位を固めている。

認知領域への影響

ここまで確認した国際政治学の主要三理論の枠組みにとらわれ過ぎると、我々の認知領域に歪みが生じてしまう可能性が少なくない。

リアリズムやリベラリズムが前提とする科学主義／合理主義に基づくライク・ユニット論が現実の国際政治現象を適切に説明しておらず、ましてや理解するための枠組みとなっていないことに十分な注意が必要だ。例えば、二〇二二年二月のロシアのウクライナへの大規模軍事侵攻は「合理的に考えれば起こらない」と多くの日本の国際政治学者は考えていたが、実際に戦争は始まった。ロシア・ウクライナ戦争の開始を合理主義で説明できないと考える研究者の中には、「ロシアは自分の知っていた国とは違う国になってしまった」と嘆く者もいた。

一方で、別の国際政治学者の中には、合理主義に基づきロシア・ウクライナ戦争が発生した原因を「科学的」に説明しようとする者もいた。ほとんど全ての場合、こうした国際政治学者はウォルツの構造的リアリズムの系譜に位置する世界的に有名な米国の国際政治学者であるシカゴ大学のジョン・ミアシャイマーやハーバード大学のスティーブン・ウォルトの提唱するリアリズム理論を積極的に参照する傾向がある。ミアシャイマーはロシア・ウクライナ戦争の原因をロシアが脅威と主張していた西側によるNATO東方拡大に求め、ウォルトは、ウクライナのNATO加盟を阻止するためにロシアは「予防戦争」を行ったと指摘している。[142] 両者とも、NATO東方拡大によってバランス・オブ・パワーがロシアに不利な状況に変化したという国際システムの変化に注目した議論を行っている。

問題なのは、こうした「科学的」分析を試みる米国の国際政治学者やそれを積極的に引用する日本の国際政治学者——概して自称「リアリスト」に多い——は、一七世紀の近代ヨーロッパに源流を持ちながら発展してきた現在の国際秩序が、国力の強弱／大小にかかわらず、全ての国家が平等に主権を有しているという「現実」を無視してしまっている。ロシアの脅威を感じるウクライナがEUやNATOに加盟したいと希望するのは主権事項である。主権という国際秩序の根本原理を無視した議論は、既存の国際秩序そのものを否定することにつながりかねない。

米国で発展した科学主義／合理主義に基づく国際政治学理論は、複雑な国際政治現象を簡明な理論で説明できるため、魅力的に映ることは分からなくはない。ところが、前節末尾で指摘した通り、さまざまな代理勢力（プロキシー）を動員しながら国際秩序を動揺させている中華人民共和国、ロシア、イランなどの権威主義諸国は、こちら側とは全く異なる世界観を抱いており、あちら側の「合理主義」に基づき行動しているのだ。米国の国際政治学理論が前提とするライク・ユニット論の枠組みにとらわれ過ぎるあまり、あちら側もきっとこちら側と同様の行動をとるに違いないとする「ミラー・イメージングの罠」に陥ってはならない。

ここでは国際政治学の主要三理論のうち、認知領域の歪みに影響を及ぼし得るリアリズム理論の問題点を挙げたが、リベラリズムやコンストラクティビズムの発想に基づく日本の国際政治学者による提言や市民活動の声を実際の政策に適用すると、結果的にかえって日本周辺の安全保障環境の悪化につながりかねないことが少なくない。

現実に基づかない「理想主義」の弊害

日本の国際政治学者の中には、「リベラル」であることを意識するあまり、結果的に現実に基づかない理想主義を提唱する者が少なくない。植木千可子（早稲田大学教授）は学会でも著名な安全保障専門家であり、かつて『平和のための戦争論―集団的自衛権は何をもたらすのか？』（ちくま新書、二〇一五年）において、「リベラル抑止」なる概念を提唱したことがある。「リベラル抑止」とは、植木によれば、軍事力による抑止と相互依存を組み合わせる戦略を指し、ここでいう相互依存には経済だけでなく、安全保障や外交的な依存も含まれるという。「リベラル抑止」は、すでに紹介したリベラリズム理論の仮説を抑止論と合体させた概念であるが、相互依存をすればするほど国家間対立は減少するという仮説が適切でないことは、植木の著書が発表された二〇一五年時点でも明らかであったはずである。経済的相互依存関係を深化させていた米中関係において、中華人民共和国発のサイバー攻撃は多発しており、日中関係においても、尖閣諸島周辺での相次ぐ挑発がとどまるところを知らなかったことを想起すればよい。加えて、「閉ざされた社会」である権威主義勢力が、「開かれた社会」である民主主義社会の「開かれている」がゆえの脆弱性を利用し、現在、ハイブリッド戦争の脅威を及ぼしていることを考えても、「リベラル抑止」概念は、政策論として批判に耐えられるものとは言いがたい。

鳩山の「東アジア共同体」構想を理論的に支えているのが、すでに紹介した孫崎である。孫崎は、著書『不愉快な現実―中国の大国化、米国の戦略転換』（講談社現代新書、二〇一二年）の中で、かつて数度の戦争の火種となっていたアルザス・ロレーヌ地方の石炭・鉄鋼を第二次大戦後のドイツとフランスが共同管理することでのちのEUに結びつくヨーロッパ統合につながったことを引き合いに、尖閣諸島について日本が領有権を主張せず「棚上げ」をすれば日中関係は改善し、経済的相互依存が進化し、ゆくゆくは「東アジア共同体」が形成され、こうした状況が軍事力に拠らない抑止力となると主張した。ロシアによるウクライナ侵攻直後に出版された別の著書『平和を創る道の探求—ウクライナ危機の「糾弾」「制裁」を超えて』（かもがわ出版、二〇二二年）では、「領土問題は領土そのものよりも、資源の利用・開発に絡んで争いになることがしばしばです。この際、尖閣諸島、その周辺海域を国際自然保護区にしたらどうでしょう」と大真面目に提言している。

そもそも、尖閣諸島は、歴史的にも国際法的にも日本の領土であることから、尖閣諸島をめぐって解決しなければならない領有権の問題は存在しない、というのが日本政府の立場である。外務省に長年勤務し、元外務省国際情報局長、元イラン大使まで歴任した孫崎が、こうした政府の立場を知らないはずがない。もはや孫崎は中華人民共和国の「影響力の代理人」となってしまっている。

実際、孫崎は、すでに登場した羽場と共に二〇二三年一〇月に北京で開催された一帯一路一〇周年記念の関連フォーラムに参加していた。ここで、孫崎や羽場は、中華人民共和国の台頭への危機感から米国が作り出す台湾危機を回避するためには、「対話」による日中協力が必要であり、そのための知識人や市民のホットラインとして自分たちの行動を位置付ける発言をした。孫崎や羽場は、「平和運動」を通じて、すでに紹介したコンストラクティビズム理論のいう「平和」を世界で創出する「規範起業家」たろうとしているのであろうが、結果的に「台湾危機は米国が作り出している」という中華人民共和国のナラティブに取り込まれてしまっている。こうしたことに、彼らが自覚的でないことは、残念極まりない。

第三節　世界観の衝突

再びドゥーギン

イスラム法学者が全権を掌握する神権国家イランが信奉するイスラム法に基づく世界観は近代主権国家体制と相容れない。「一つの中国」を建設するため、中国共産党の下、近代主権国家体制をも超越する「全人類運命共同体」を構築しようとする中華人民共和国についても、また然りであることは、本書の中で言及してきた通りである。イランや中華人民共和国の抱く世界観は、ややもすれば「独りよがり」であり、他国の政治家や知識人、一般市民の一部が「魅力」を感じるような理論的・思想的に精緻なものであるとは言いがたい。

この点、ロシアの世界観には、他国において自発的な親露派を形成してしまうほど、ある種の神秘主義的な「魅力」がある。こうしたロシアの世界観は、第1章でも登場したプーチン体制を事実上、イデオロギー面で支えているドゥーギンによって構築された。

ドゥーギンの提唱したロシアの世界観（ネオユーラシア主義）を理解するためには、彼の来歴を辿る必要がある。

一九六二年に生まれたドゥーギンは、一九八〇年代、ソ連の反体制派集団「ユジンスキーサークル」に所属し、ファシズムや神秘主義、オカルティズムに染まっていった。「一九八一年から一九八二年頃、私は既に知的アジェンダ、自分の形而上学とイデオロギーを持った一人前の哲学者だった。（…中略…）私はそれ以上に大人にならなかった」と自ら振り返っているように、ドゥーギンのオカルト的世界観はこの時すでに完成していた。[143]

一九五〇年代のモスクワで生まれたユジンスキーサークルはソビエト政権に代わる選択肢を神秘主義やオカルティズムに見出し、また当時のフランスやイタリアの新右翼思想にも影響を受けていた団体であったことから、ドゥーギンはヨーロッパ新右翼思想のシンパとなった。

ここで言う「新右翼」は、生物学的人種主義の基づくナチズムに親和的であることが大きな特徴であった旧来の右翼とは一線を画し、文化的差異主義を主張することで、諸文化のアイデンティティを普遍主義——本書で登場した言葉を用いればグローバリズムなど——から防衛することを主張していた。

ドゥーギンはソ連が崩壊する直前の一九八九年から九〇年にかけて西ヨーロッパを初めて訪問した。ここでの訪問をきっかけに、ドゥーギンはフランスのアラン・ド・ブノワやジャン・パルヴュレスコ、ベルギーのロベルト・ステウカースといったヨーロッパの新右翼思想家と知己を得た。[144]

ドゥーギンの「地政学」

すでに紹介した文化的差異主義に基づくヨーロッパ新右翼思想を構築した理論的支柱がド・ブノワであった。ド・ブノワはまた、ヒトラーと同時代のドイツの政治学者カール・シュミットの政治思想にも関心を寄せていた人物でもあった。

シュミットは主著『陸と海と』（一九四二年）の中で、世界の普遍支配を目指すアングロ・サクソン的な海洋国家と自らに固有な土地に根差した大陸ヨーロッパ的な陸上国家との間の闘争の歴史を描いた。またナチ時代の自身の思想をまとめ上げた『大地のノモス』（一九五〇年）において、シュミットは明確な国境により規定される領域に基づく主権国家体制について、国家の領土というのは「空疎な概念」であると否定し、国家とは「本質的には有機体」であると主張した。

シュミットの見解では、ユーラシア大陸とは、誰であれそれを獲得できるものが支配すべき実態を持つ「広域圏《グロース・ラウム》」なのであり、世界をいくつかの「広域圏」により分割する世界観を唱えた。ユーラシアにおける「広域圏」においては、米英などの海洋国家は物事を抽象的に捉えるユダヤ的な概念の担い手であることから除外されるべきとシュミットは考えた。ド・ブノワはこうしたシュミットの政治思想をドゥーギンに伝え、米国が抽象的なユダヤ的文化の代表として世界を支配する陰謀の中心的役割を果たしていると説いた。

パルヴュレスコもまた、米国人や英国人は海洋経済に従事することで、地に足の着いた真の人間の経験から切り離され、ユダヤ人の抽象的な発想に屈してしまうと考えていた人物であった。米国のアルフレッド・セイヤー・マハンや英国のハルフォード・マッキンダーなどの英米地政学に加えて、これもまたヒトラーと同時代のカール・ハウスホーファーが提唱した地政学などのドイツ地政学に詳しい人物であったステウカースもまた、ドゥーギンに、ドイツ地政学の伝統や米国による世界支配についての陰謀論を紹介した。

彼らとの交流をきっかけに、ドゥーギンは、文化的差異主義を提唱しつつも、結局のところ「広域圏」思想に基づき近代主権国家体制を否定し、反ユダヤ主義のナチズムとそんなに大差のない新右翼思想を母国ロシアに持ち帰った。

一九九三年にドゥーギンは政治団体「国家ボリシェビキ党」（NBP）を設立し、一九九七年には次のような月並みなファシストの見方を唱えながら「国境のない赤いファシズム」を呼びかけた。「民主主義は空疎である。中流階級は悪である。ロシアは『運命の男』に統治されねばならない。米国は邪悪である。そしてロシアは無垢なのだ」[145]

一九九〇年代にドゥーギンはNBP党首を務めながら、ロシア軍参謀本部軍事大学の講師職を得て、ロシアの軍事エリートに対して、二〇〇八年にはモスクワ大学の教授職に就任し、同大学社会学部に設置された保守主義研究所所長も務め、ロシアの政治経済エリート候補者にも思想的影響力を及ぼすにいたった。ドゥーギンは「陸」のロシアが「海」の米国とその追随勢力を打ち破り、世界を滅亡から救うとする二元論的、かつ終末論に立つ「国際関係論」を講義した。(146) こうした世界観こそが、ドゥーギンにとっての「地政学」であった。(147) このように「地政学」を捉えていたドゥーギンが第1章で紹介したオカルトじみた「ネットワーク中心戦論」を提唱したことは不思議なことではない。

ドゥーギンの「地政学」の議論を踏まえれば、「ソ連崩壊は二〇世紀最大の地政学的悲劇」とするプーチンの考えの根底には、神秘主義的発想が流れていることが分かる。プーチンは、ソ連が崩壊し、ロシア連邦という新国家にロシア人の居住空間が縮小し、ソ連を構成していた共和国が次々と独立を果たしていったというユーラシア大陸のハートランドという地理（geography）的空間における政治（politics）変動という単純な意味で地政学（geopolitics）を語っているのではない。

プーチンにしてみれば、ソ連崩壊は「無垢」な「陸」のロシアが「邪悪」な「海」の米国に敗北したことを意味するのである。そしてソ連崩壊後も「海」の米国が、NATOという同盟をウクライナの土地にまで拡大させようとしており、プーチンがロシアの「広域圏」に含まれると考えているウクライナを大規模軍事侵攻により「海」の外部勢力からの侵入から「防御」しようとしたということである。

科学主義／合理主義に基づく米国の国際政治学理論よりも、こうしたロシアの「国際関係論」の方が、ロシア・ウクライナ戦争を適切に説明しており、ロシアの論理を理解するのに適しているのではないだろうか。米国の国際政治理論――特に構造的リアリズム――が重視するバランス・オブ・パワーの変化という物質的要因というよりは、ロシアがウクライナ侵攻に踏み切った動機には、こうした観念的要因が強いのである。

この点、NATO東方拡大という冷戦後のヨーロッパ国際システムにおけるバランス・オブ・パワーの変化に脅威を覚えたロシアが、ウクライナのNATO加盟を阻止するため軍事侵攻を開始したものの、フィンランドやスウェーデンのNATO加盟を加速化させたことから、ロシアの軍事行動はロシアにとっての「オウンゴール」だったとする説は適切ではないことが分かるだろう。(148) ウクライナほど、北欧諸国のNATO加盟に対しロシアが激しく反発していないのは、これらの国々が単にロシアの「広域圏」に入っていないからである。

また、ロシアの「国際関係論」もナチ・ドイツの対外戦争・東欧支配をイデオロギー的に支えることとなった「広域圏」思想に基づいていることから、隣国ウクライナの主権を完全に無視したものであることは、指摘するまでもない。

「主権」そして「多極」

「地政学」については、「ハイブリッド戦争」と同様に、同じ用語を用いたとしても、西側とロシアの間には、想定している世界観が全く異なることが分かる。そして、「主権」や「多極」についても全く同じことが言える。

ロシア国際法思想の専門家であるエストニアのタルトゥ大学のラウリ・メルクソーは、ロシアの国際法理解における「主権」とは、全ての国家に適用される抽象的な概念ではなく、大国のそれを特に指すものであり、大国の周辺に存在する中小国の主権に対しては懐疑的な態度が見られると指摘している。オーストラリア外務省出身のロシア専門家であるボボ・ローもまた、ロシアの言う「主権」とはごく少数の大国だけを対象とした極めて狭義のものであって、中小国は基本的に主権国家とはみなされていないとしている。

プーチン自身も興味深い発言をしている。かつてドイツのアンゲラ・メルケル首相がトランプ政権の成立に際して、「大西洋の向こうの同盟国に頼れない時代が来た」と述べたことに対し、プーチンは次のことを発言しながら、そもそも「ドイツは主権国家ではない」と述べたことがある。

軍事・政治同盟の枠内においては、それ（主権）は公式に制限されています。何をしてよくて何がいけないか、そこに書いてあるんですよ。実際はもっと厳しい。許可なくしては何もしてはいけないのです。許可を出すのは誰か？　上位の存在です。主権を持つ国はそう多くありません。ロシアはそれ（主権）を持つことを非常に重んじます。おもちゃのように扱うわけではありません。それ（主権）は利益を守り、自らを発展させるために必要なものです。

小泉は、NATOやEUで主導的地位を示すドイツでさえ、「主権国家」と見なされないのだとすれば、プーチンの定義する「主権国家」はおそらくこの世界で一〇にも満たないだろう、そして、他国に依存せず「自由」（自己決定権）を自らの力で保持できる国だけが、プーチンの言う「主権国家」であると簡明に指摘している。(149)

近代以降に成立・発展した国際秩序の根本原理である、西側が理解している主権とロシアの考える「主権」の間には、このように理解の上で大きな隔たりがある。前述の構造的リアリストをはじめとする国際政治学者が頻繁に用いる用語である多極とロシアが提唱する「多極」の間にも、著しい理解の相違があるのだ。

米国、そして日本でも同様であるが、大学生以上が手に取る国際政治学の基本書では、「極」という概念が存在する。極とは、国際システムという構造に存在する大国のことを意味し、国際政治史においても、次のように学習することが多い。すなわち、第一次大戦前の国際システムは五つほどのヨーロッパの大国による多極構造であり、第二次大戦後は米ソ冷戦という二極構造であり、そして冷戦後には、ソ連崩壊により「唯一の超大国」となった米国を頂点とする単極（一極）構造が出現した。ところが、二〇〇〇年代に入り、米国は「9・11」後の「対テロ戦争」で疲弊し国力を低下させ、二〇一〇年代には中華人民共和国が軍事的・経済的に台頭し、米国を頂点とする単極構造に翳りが見え始めた。今後の国際システムにおいて、中華人民共和国を頂点とする単極構造が出現するのか（覇権交代論）、米中の二極構造となるのか（G2論）、それとも、BRICS（ブラジル、ロシア、インド、中華人民共和国、南アフリカ）が存在感を高めて多極構造となるのか、それとも米国のイアン・ブレマーが言うように無極（Gゼロ）へと向かうのか——。こんな具合である。

国際システムにおける大国の数が、三か国以上である状態を米国の国際政治学理論では多極とシンプルに捉えているが、ロシアがしばしば語る「多極」のニュアンスは、こうした理解とは根本的に異なる。

ロシアが言う「多極」とは、世界がいくつかの「広域圏」に分割された状態を意味する。ここで再びドゥーギンであるが、ドゥーギンの提唱するネオ・ユーラシア主義によれば、ユーラシア大陸の中央部に、共通の文化的結びつきを持つ共同体が存在するべきであり、それは、ロシアを中心とする「広域圏」を意味する。この信念にしたがうと、中央アジアやコーカサス地方の諸国のみならずウクライナやベラルーシなど東欧諸国はロシアを盟主とするネオ・ユーラシア主義の運動に参加しなければならない、あるいは参加するのが本来の自然の姿ということになる。まさに「ソ連2・0」である。

ネオ・ユーラシア主義が最終的に理想とする世界観は、ロシアを中心とする「広域圏」が世界にいくつか存在している状態である。これは前述のハウスホーファーのドイツ地政学と極めて似ている。

かつてハウスホーファーも、特定の「空間《ラウム》」が特定の有機的国家と結びついているとすると、その「空間」よりも広範な地理的広がりを持つ「汎《パン》」で表される領域が出現する。ハウスホーファーはこの既存の「空間」を超えた領域を「パン・イデーン」（汎理念）と呼び、広域地域のある種の理念型として捉えていた。[150]

ドゥーギンの「地政学」も、ハウスホーファーのドイツ地政学のどちらにおいても、「広域圏」や「パン・イデーン」に、ほかの「広域圏」や「パン・イデーン」からの外部勢力が侵入してはならないとされる。[151] 二〇二二年二月のロシアのウクライナへの大規模軍事侵攻は、ロシアにしてみれば、ネオ・ユーラシア主義を外部勢力から守るという強固な、そして、もはや宗教にも近い神秘主義的信念に基づく行動なのである。

実際、ドゥーギンはＴＢＳテレビのインタビューで次のように語っている。インタビュー内容は二〇二三年二月一二日に放送された。

　この特別軍事作戦は軍事的な側面で見ると、失望に近いものになったと思います。二月二四日に我々が行った先制攻撃によって敵は混乱し（負ける）と思っていました。素早く勝利できなかったことは社会を失望させたということを強調したいです。

祖国が戦争を開始したことではなく、素早い勝利を達成できなかったことにドゥーギンは失望を隠さない。そして次のように語る。

国民はこの対立の規模を理解し始めました。これは限定的な反テロ作戦や領土の統合ではなく、文明の戦いだということを国民が理解し始めたのです。特別軍事作戦の目的を国民も政府も理解している通り、多極世界の構築であり、ロシアは中国やイスラム諸国や南米諸国等と同様に独立した極になります。一極集中の世界と多極世界との戦いである長期的で大変な戦争に準備しなければならないということを理解したのです。

「ウクライナはすでに存在しません。もう終わっています。勝利することはありません。ロシアに負けるか、全人類と共に滅亡するかです」と述べ、ロシアがウクライナの地で繰り広げる戦争に勝利しなければ、世界は滅亡するとまで日本の視聴者に言い切るドゥーギンは、こう続けた。

プーチンは二面性を持つ政治家であり、正反対のパラダイム（規範）に基づいています。特別軍事作戦を開始し、それに向けて準備を行い、多極世界を守る必要を理解しているのは「太陽のプーチン」です。しかしもう一つのプーチンも存在します。私が「月（陰）のプーチン」と呼んでいるプーチンです。愛国者である私にとってこの（太陽の）プーチンは親しい存在であり、精神的に近い存在でもあります。

（……中略……）

残念ながら特別軍事作戦が行われている今でも（「月のプーチン」は）存在しています。「月のプーチン」は国内の人には見えています。私たちに彼の内面が見えます。彼の迷い、優柔不断、十分でない社会の動員、矛盾した行動や人事が私たちに見えています。

そしてこの「月のプーチン」が見えていないと西側を批判するドゥーギンは、こうまとめ上げた。「プーチンは我々のリーダーであり、『太陽のプーチン』として認識されます。その意味でロシアの社会の中にいかなる疑問や分断はありません」

侵略を受けているウクライナには大迷惑な話であるが、ドゥーギン、そしてロシアは、ついに「運命の男」を得たということである。

そんなロシアと、すでに紹介した二度の中露共同宣言（二〇二二年と二〇二三年）で「世界の多極化」の推進をロシアと確認した中華人民共和国は「多極」を超えて、「人類運命共同体」の構築までを視野に入れている。

ハイブリッド戦争の脅威を及ぼしているイランやロシア、中華人民共和国が、米国で発展し日本の研究者も積極的に参照している国際政治学理論の枠組みでは理解できない、全く別の論理で行動しているのである。これらの権威主義諸国がこちら側とは全く異なる世界観を持って行動していることを、専門家は自覚するべきだ。(152)

終章　ハイブリッド戦争の時代を生き抜く

第一節　見えてきたのもの

ハイブリッド戦争の暫定的評価

前著『ハイブリッド戦争の時代―狙われる民主主義』（二〇二一年）と本書では、ハイブリッド戦争の事例を複数分析しているが、ここにきて暫定的に見えてきたものがある。それは、ハイブリッド戦争は民主主義をターゲットにしており、国際秩序をも動揺させる深刻な脅威であることである。とはいうものの、権威主義諸国がしかけるハイブリッド戦争の成功事例が多いかと言われれば、必ずしもそうではない。

前著では、EUへの接近やNATO加盟を目指したウクライナ、モンテネグロ、北マケドニアにロシアがしかけたハイブリッド戦争の事例を分析したが、このうちロシアのハイブリッド戦争の成功事例はウクライナ（二〇一四年）のみであった。モンテネグロも北マケドニアも結局、ロシア発のハイブリッド戦争の脅威を受けながらもＮＡＴＯ加盟を果たした。

ウクライナ（二〇二二年）の事例については、二〇一四年以降もロシアは継続的にハイブリッド戦争の脅威をウクライナ社会に及ぼしてはいたが、ウクライナのＥＵやＮＡＴＯへの接近はとどまることはなかったため、ハイブリッド戦争ではなく大規模軍事侵攻に踏み切った経緯もある。

このことは、台湾社会にハイブリッド脅威を及ぼしている中華人民共和国のことを台湾が警戒し、台湾統一への地ならしがうまくいっていない中台関係を考えるうえで示唆に富んでいる。実際、二〇二三年一二月初旬に北京で開催された、翌年一月一三日の台湾総統選挙に関する会議で、選挙介入を「隠蔽」するよう関係部署に指示がなされている。台湾当局によると、同会議は、中国共産党の中央対台湾工作指導小組——組長は習近平——で、対台湾工作を統括する王滬寧——党序列四位——人民政治協商会議主席が主催したものであり、同会議では、中国共産党中央宣伝部、統一戦線工作部、国務院傘下の国家安全部、国防部、台湾事務弁公室の担当者が出席し、戦略支援部隊の３１１基地を含めて、中華人民共和国の情報戦アクターを「分散」活用しながら、台湾総統選挙への介入を気づかれにくくする方針が決定された。(153)

ところが、中華人民共和国が台湾に対しあの手この手で選挙介入をしている実態はすでに暴露されており、[154]台湾総統選挙では、中華人民共和国が一方的に「独立分子」と警戒し、批判している頼清徳・民進党候補が当選を果たした。中華人民共和国も、台湾への情報戦を含むハイブリッド戦争を成功させることができなかった。そのため、かつてのウクライナと同様、いよいよ本格的な軍事力を用いた中華人民共和国による台湾統一事業が、今後、現実味を帯びてくることが想定される。

日米比較

本書で分析したロシアが日米にしかけるハイブリッド戦争の一環での情報戦についても、特徴がある。日本においては、政治家、大学教員、言論人、平和運動家へのロシアの影響工作の効果が一定程度確認できた。とはいうものの、これらロシアの「友達」や「影響力の代理人」が日本政府や世論全体に与えた影響はと言えば、限定的なものであった。彼らが日本政府の意思決定の中枢に深く食い込んでいたわけではなく、また、左右問わず、彼らの行動に親近感を感じる日本国民の数も少なかったことが幸いした。とはいえ、少数派は声だけは大きい「ノイジー・マイノリティー」であるため一見すると、多数派（マジョリティー）に思えてしまう錯覚については注意が必要だ。

一方、米国では、ロシアの世界観に親近感を感じる人物が政府の意思決定の中枢に食い込んでおり、ロシアの影響工作を直接受けた米国民が実力を行使して米国の体制に攻撃をしかけた。

これら日米の事例を比較して見えてきたものは、権威主義諸国の情報戦の影響を受けている人物が政府の意思決定の中枢に存在するかどうか、あるいは、そうした人物が中枢にいなくとも政府の意思決定過程や世論に大きな影響力を与える者なのかどうかを見極めていくことが、権威主義諸国のハイブリッド戦争の成否を分ける重要な要因となることだ。

イスラエルの場合

とはいえ、二〇二三年一〇月のハマスのイスラエル大規模攻撃で明らかになったように、物理的な戦闘空間では質量ともに圧倒的優位に立つイスラエルが、「イスラエル＝悪」とのイメージを伝える国際的な情報空間での戦いにおいて実質的に敗北するという二〇〇〇年代にホフマンらが提起した古典的なハイブリッド戦争の難しさも無視できない。イスラエルの事例から見えてきたものは、ハイブリッド戦争が生起する以前から、国際社会に好意的に受け止められる自国のイメージを常時、戦略的に発信していくことの大切さである。情報戦でイスラエルが後手に回ってしまった要因は、第2章で紹介した国際社会に蔓延する根深いユダヤ陰謀論の存在である。ユダヤ陰謀論はすぐさま反ユダヤ主義や反イスラエル感情に直結しやすい。

最重要概念としてのハイブリッド戦争

つまるところ、西側ではハイブリッド戦争と言う場合、米国・イスラエル型理解では、イランなどの「ならず者政権」から軍事支援を受けるテロ集団と戦うという文脈における「作戦」や「戦術」レベルで捉えられ、二〇一四年以降に発展したヨーロッパ型理解ではロシアや中華人民共和国がさまざまな手段や非国家主体を動員して民主主義社会や既存の国際秩序に挑戦しているという具合で「戦略」レベルで議論されている。そして、イランやロシア、中華人民共和国などの権威主義諸国にしてみれば、ハイブリッド戦争とはすなわち「世界観」をめぐる闘争を意味しているのである。

ハイブリッド戦争は、大国間競争時代の最重要概念の一つであることが分かるだろう。

第二節　日本の生き残り

日本の安全保障体制

国際秩序をも揺るがすハイブリッド戦争の脅威に対して、日本の安全保障体制は果たして十分なものと言えるのであろうか。ハイブリッド戦争の脅威に対抗するために、Ｈｙｂｒｉｄ ＣｏＥのような多国間組織としての「インド太平洋ハイブリッド脅威対策センター」を日本が主導して米豪印やＡＳＥＡＮ諸国とも連携し設立することを提唱する論者もいるが、(155) 同提案について、筆者としては消極的である。

そもそも、日本の論壇ではハイブリッド戦争についての理解に大きなばらつきがあるため同センターに所属する研究者が米欧の専門家と円滑な議論ができるか疑問である。また、センター設立の主導権を握る省庁はどこになるのか、予算は確保できるのかどうか、関係国との調整はどうなるのかなど、日本の限られた物理的資源を考えると課題は多い。何より、主に台湾海峡のことを指すが日本周辺で力による現状変更の試みが起きる可能性はここ数年でかつてないほどに高まっている。

日本にはもう時間も物理的資源もないのである。日本としては、限られた時間内で今ある資源を最大限に有効活用していくという発想が求められる。

新しい枠組みを作らずとも、日本の既存の体制や法制度を有機的に運用していけば、ハイブリッド戦争の脅威に対応することが可能というのが筆者の考えだ。

それでは、ハイブリッド戦争の重要な構成要素である情報戦に対応するための関係省庁の取組みについて整理してみよう。

防衛省・自衛隊の情報戦対策

まず防衛省・自衛隊である。二〇二二年四月、国際情勢を多面的・横断的に収集・分析する防衛省防衛政策局調査課に「グローバル戦略情報官」が新設された。その後、防衛予算増額や『安保三文書』公表に合わせて、防衛省は情報戦への備えをメディアや国民向けに明らかにしていたが、その内容は納得のいかないものだったと言わざるを得ない。

『朝日新聞Digital』（二〇二一年一〇月五日付）によると、当時の岸防衛大臣は、防衛省がユーチューバーらに厳しい安全保障環境を説明する計画をめぐり、「インフルエンサーと呼ばれる方々に、まず理解して頂けるような説明を行うことが重要」と述べ、計画の存在を事実上認めた。メディアは「防衛省が世論誘導工作の研究に着手した」とスキャンダラスに報じた。『共同通信』（二〇二二年一二月九日付）は、防衛省が防衛問題で影響力のありそうなインフルエンサーを特定し防衛省に有利な発信をするようこれらのインフルエンサーにしかけ、世論誘導工作を仕向けようとしているとの記事を書いた。

第1章で詳しく説明したように情報戦の理論は非常に緻密なものである。こうした防衛省側の情報戦理解に対し「そうじゃない感」が否めなかったが、幸い『安保三文書』にはこうした世論誘導工作の研究を行うなどとは書かれなかった。

『防衛力整備計画』では、おおむね一〇年後までに、陸上自衛隊に認知領域を含む情報戦において優位を確保するための情報戦部隊を一個部隊新編すること、海上自衛隊については、情報、サイバー、通信、気象海洋などといった機能・能力を有する部隊を整理・集約し、総合的に情報戦を遂行するための情報戦部隊を一個部隊新編することが明記された。ハイブリッド戦争への対抗というよりは領域横断作戦能力の向上という文脈ではあるが、航空自衛隊については、宇宙領域専門部隊一個隊を新編し、航空自衛隊を航空宇宙自衛隊とすることが記された。これら陸・海・空の自衛隊の情報戦部隊が今後どのような能力を構築していけばよいかについては、過去のハイブリッド戦争の事例分析や、近時のロシア・ウクライナ戦争やハマス・イスラエル戦争における情報戦の分析を通じて、検討していくべきである。

また、認知領域を含む情報戦に対処するため、日本最大規模のインテリジェンス機関である防衛省情報本部において、情報収集・分析・発信に関する体制を強化することも謳われた。[156] 防衛省ホームページに掲載されている説明資料によれば、認知領域を含む情報戦に関する考え方として以下が紹介されている。

我が国防衛の観点から、有事はもとより、現段階から、
①情報機能を強化することで、多様な情報収集能力を獲得しつつ、
②諸外国による偽情報の流布を始めとしたあらゆる脅威に関して、その真偽や意図などを見極め、様々な手段で無力化などの対処を行うとともに、
③同盟国・同志国等との連携の下、あらゆる機会を捉え、適切な情報を迅速かつ戦略的に発信する

といった手段を通じて、我が国の意思決定を防護しつつ、力による一方的な現状変更を抑止・対処し、より望ましい安全保障環境を構築する。なお、我が国の信頼を棄損する取組（SNSな

どを介した偽情報の流布、世論操作、謀略など）は実施しない。

こうした方針を意識しつつ、防衛政策局調査課に新編されたグローバル戦略情報官と情報本部の間の調整をどのようにしていくかが、防衛省内の今後の課題となろう。

また、ハイブリッド戦争は武力攻撃未満の事態に該当し、「平時」から「グレーゾーン」の段階で脅威が及ぶことから、当然のことながら、自衛隊は警察や海上保安庁などとシームレスに連携していくことが不可欠である。

さらには、『国家安全保障戦略』で記されているように日米同盟を強化することも、ハイブリッド戦争や武力攻撃を抑止し、抑止が破られた場合に適切に対処するうえでも重要である。バイデン政権も『国家防衛戦略』（二〇二二年一〇月）で同盟国との「統合抑止」を重視する戦略を打ち出しており、すでに日米の統合抑止・対処力を切れ目なく向上することを目的とした演習は始まっている。日本は粛々とこうした取組みを進めていくべきである。

外務省の情報戦対策

次に外務省である。資料「令和5年度概算要求の概要」（令和四年八月）によると外務省が要求する「予算の柱」の一つに「情報戦を含む『新しい戦い』への対応の強化」が記され、「情報戦への備え」と「戦略的対外発信の強化」が掲げられている。

外務省内のどの部局でこれらの取組みを行うかが明記されていないが、すでに外務省には、インテリジェンスを担当する国際情報統括官組織が存在する。この国際情報統括官組織が主たる組織として「情報戦への備え」を担うことが期待される。「戦略的対外発信の強化」については、外務省に限定して考えれば、省内の広報文化外交戦略課、戦略的対外発信拠点室、国際報道官室などが担当することと想像できるが、これらの外務報道官組織と二〇二四年四月に内閣官房に一〇人以上で新設予定の「戦略的コミュニケーション室」との棲み分けや連携が不可欠だろう。

戦略的コミュニケーションについての最新研究は、戦略的コミュニケーションを「外交・安全保障政策の達成に向けて、言葉や行動、シンボルやイメージなどを意図的かつ総合的に用い、対象とする相手の行動を変更せしめるべく作用を促す手段」とやや難解に説明しているが、[157] もっとシンプルに考えると、国家が広報外交（パブリック・ディプロマシー）の一環で自国の戦略的目標を達成するために対外的に積極的にコミュニケーションをとることと理解しても差しさわりないだろう。

あまり知られていないが、安倍政権の外交・安全保障政策が効果的に実行できるように、海外主要メディアへのインタビューや国際会議の場で、米国向けには米国英語で、英国向けにはクイーンズ・イングリッシュを使い分けながら、安倍政権下の日本の立場を冷静に的確に、そして時に情熱的に対外発信していたのは、内閣官房参与として安倍総理の外交スピーチライターも務めた谷口智彦であった。内閣官房に新設される戦略的コミュニケーション室は谷口が個人として担った戦略的コミュニケーションの事例を分析し、今度は組織としてどのように運用していくかを研究していくべきであろう。[158]内閣官房の戦略的コミュニケーション室での方針を外務省に反映させて、外務報道官組織が戦略的対外発信をしていく体制をとるのも一考だ。

偽情報対策

こうした戦略的コミュニケーション機能を拡充していくのと並行して日本が取組むべき喫緊の課題が偽情報対策である。この点について、二〇二三年下旬に日米間で注目すべきある文書が交わされた。

二〇二三年一二月六日、日本を訪問したエリザベス・アレン国務次官（広報文化外交担当）は小林麻紀外務報道官と外国からの偽情報に日米協力の下で対処するための覚書を交わした。[159]その後の記者会見の場で、「今後、日米がどのように共同して外国からの偽情報に対処していくのか」という趣旨の質問に対し、小林は、次のように答えている。

今回の協力文書では、その情報操作に関する検知、どのようなことがなされているかといったその検知、そして分析、それからそれに対する対応という様々な段階で、対応能力を強化していくことが重要であると思っており、そのための情報交換、それから、幅広くですけれども、協力の方向性について、今回確認をしたというところです。

共同して対応する能力は、偽情報全般については、やはり懸念を共有する諸国が協力してやっていくことで、その対応能力が、より実効的なものになると思っています。今、本当に様々な国が、そういった偽情報に対する脅威を感じていると思いますが、こうしたものはグローバルで非常に複雑なものですので、やはりそうした互いの情報であったり経験であったりというものを、きちんと共有して、理解を深めていくことが、対処能力にもつながっていくということだと思います。

想定される脅威というのは、まさにそういうことも含めて、頭の体操をしていくことが大事なのかなと思っています。いろいろなことを想定して準備していくことが、全てにおいて大事だと思っていますので、特にこれということではなく、まさに模索しながらやっていくことかなと思っています。(160)

外国による偽情報が国家安全保障にどのような脅威があるのか、そして、同盟国とどのように共同して対処していけばよいか、については、小林の発言にもある通り、二〇二四年以降、日米はまさに模索していくこととなるが、同様の趣旨の覚書を米国が結んでいる同志国と日本が偽情報対策に関して連携を深めていくことも一考だ。

実は、日本訪問に先立ち、アレンは一一月三〇日に訪問先の韓国とも偽情報対策に関する覚書を交わしている。[161] また米国は同年五月に北マケドニアと、九月にブルガリアと、やはり同様の趣旨の覚書を二国間で交わしている。[162] 北マケドニアとブルガリアという中東欧諸国との連携に米国が関心を向けていることは興味深い。

前著の事例分析で紹介したように、かつて北マケドニアはNATO加盟問題をめぐり、ロシアによる偽情報拡散も含むハイブリッド戦争を経験したことがある。北マケドニア社会におけるロシアの「影響力の代理人」を動員したハイブリッド戦争は、ブルガリアの首都ソフィアを拠点にしていたロシアのインテリジェンス機関と連携して行われた。日本にはあまり馴染みがない両国ではあるが、歴史的経緯やエネルギー事情からロシアからの影響工作に対して脆弱なブルガリアと、[163] 隣国、北マケドニアの言語が似通っているという文化的背景もあり、両国は、ロシアがブルガリアを経由して北マケドニアにしかけたハイブリッド戦争の格好の標的となった。

地理的には離れているものの、地政学的状況が似ているこれら同志国との協議から日本として学ぶべき教訓は少なくないはずだ。今後、米国と二国間ベースの覚書を結んでいる韓国、北マケドニア、ブルガリアと日本が偽情報対策をめぐり協議を重ねていくという創造的な外交を進めていくのもよいだろう。

そして当然のことながら、こうした協議には米国も関与させるべきである。

国務省内のグローバル・エンゲージメント・センター（GEC）は精力的に情報戦の研究を進めている。二〇二三年九月二八日に公表した中華人民共和国によるグローバルな情報操作に関する報告書の執筆を手掛けたのもGECであった。同報告書では、一例として取り上げられているロシア・ウクライナ戦争について、例えば、ロシア国営のタス通信が「ヨーロッパの平和を乱しているのはNATO」とのナラティブを拡散し（二〇二三年五月）、これを中華人民共和国国営の新華社が取り上げ（二〇二三年七月）、中華人民共和国もロシアと同様の主張をしているとロシア国営のRTがニュースとして取り上げ（二〇二三年八月）、結果として、グローバルな情報空間において、ロシアのナラティブが「それっぽく」聞こえてくるという「増幅（amplification）モデル」が提示されている。[164] 偽情報拡散に関するこうした知見を有するGECも巻き込みながら、日本は同志国と共に偽情報対策について知恵を絞るべきである。

日本政府がこうした取組みを進める一方、当然のことながら、国民一人ひとりがさまざまな媒体で拡散している情報に簡単に振り回されてはならないという強い自覚を持つべきである。不安感や心に隙のある者ほど、世界は別の論理で動いているとするオルタナティブな「真実」や偽情報に飛びつきやすい。たしかに難しい時代ではあるが、一人ひとりが自らの心を強く持つことも、情報戦に対する社会のレジリエンス（耐性）を強めることにつながることは疑いようもない。

ここで挙げたのは情報についての取組みであるが、前著でも指摘したように、ヒト・モノ・カネ・情報の自由移動を保障する民主主義国家それ自体がハイブリッド戦争に対して脆弱である。そのため、ヒト・モノ・カネ・情報を民主主義の枠内で管理していくことが、間接的にではあるが、ハイブリッド戦争に対抗するために必要となる。経済安全保障体制を充実させることが、こうした取組みを行ううえで重要だ。

経済安全保障

二〇二二年五月、経済安全保障推進法が成立した。内閣府が説明するように、国際情勢の複雑化、社会経済構造の変化などにより、安全保障の裾野が経済分野に急速に拡大する中、国家・国民の安全を経済面から確保するための取組みを強化・推進していくことが、同法成立の背景であった。

経済安全保障推進法成立に先立ち、二〇二一年一〇月、岸田内閣において経済安全保障担当大臣が置かれた。二〇二二年四月、警察庁は警備局の外事情報部に経済安全保障室を新設した。また、警察庁警備局を頂点に、東京都を管轄する警視庁公安部は二〇二一年四月、国外のテロリストや同盟国以外の情報機関によるインテリジェンス活動などを対象とする外事部門をそれまでの三課体制から四課体制、具体的には外事一課（ロシア・東欧）、外事二課（中華人民共和国・東

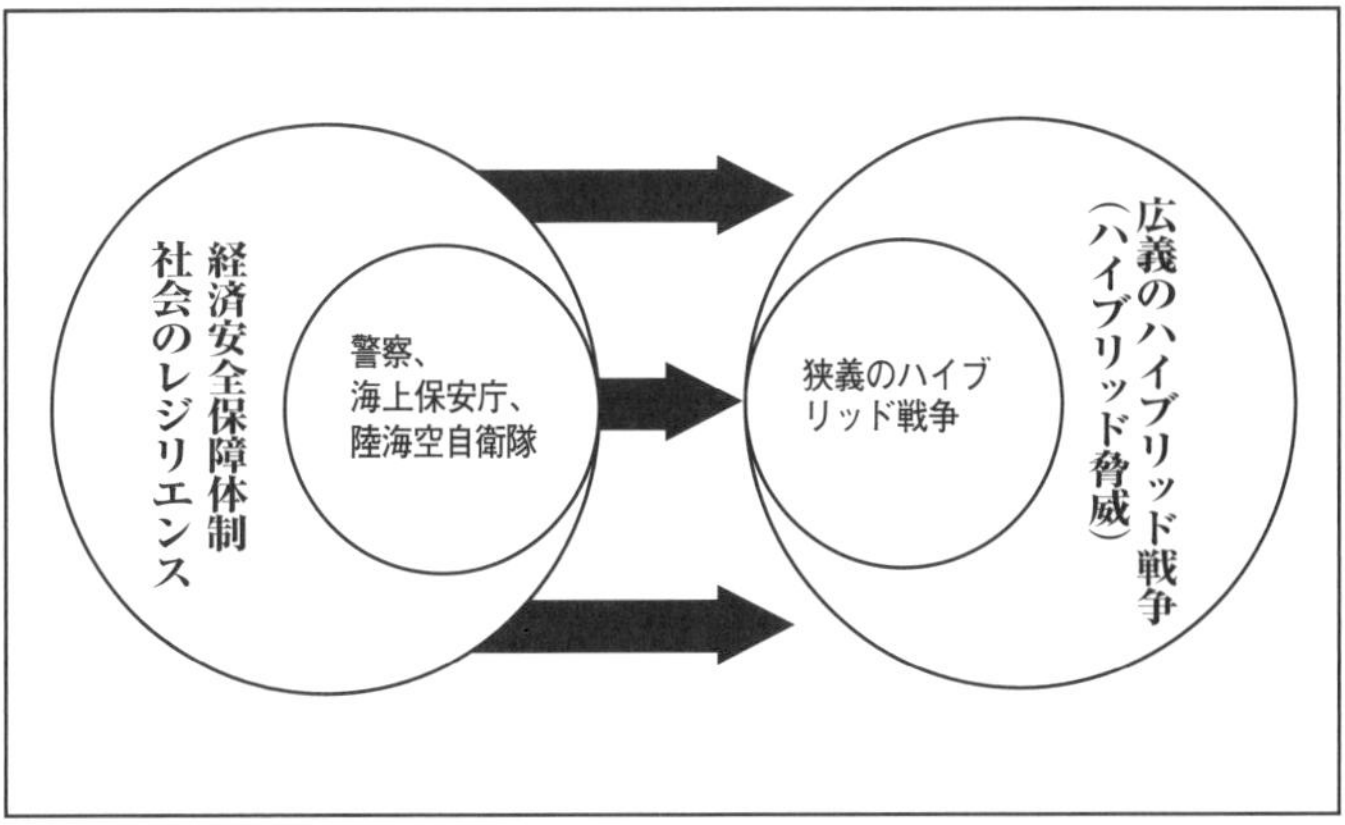

（出所）筆者作成。

表11 日本のハイブリッド戦争対抗体制（イメージ図）

南アジア）、外事三課（北朝鮮）、外事四課（中東・国際テロ対策）に再編した。警察庁サイバー局と並んで警察庁警備局は、すでに経済安全保障への取組みの強化に乗り出している法務省公安調査庁と共に日本の経済安全保障を確保する役割が期待される。

また安倍政権下で創設された外務省内に創設された内閣官房直轄の組織、国際テロ情報収集ユニット（CTU-J）の存在も無視できない。二〇一五年一一月、ISの戦闘員とみられる複数のイスラム教テロリストによるパリ同時多発テロ事件を契機に外務省内に創設されたのが、国際テロ情報収集ユニットである。二〇一八年時点の情報ではあるが、同ユニットは、警察庁から四割、外務省四割、内閣情報調査室一割、公安調査庁、海上保安庁、入国管理局、防衛省から残り一割の人員が送り込まれ、約九〇人体制の組織であり、本部（外務省）に五〇人、残りの四〇人が在外公館に派遣されている。(165) インテリジェンス能力に長けていると評判のCTU‐Jの機能を経済安全保障の分野にまで拡大することも重要であろう。

広義のハイブリッド戦争(ハイブリッド脅威)に対抗するための体制を日本はすでに有している。これらの関係省庁や部署が有機的に連携していくことが大切であろう(表11)。

このように日本のハイブリッド戦争対抗体制を充実させると同時に、『国家防衛戦略』にも示されているようにハイブリッド戦争への対抗策について先進的な取組みを進める北欧、バルト諸国、チェコやポーランドとの連携強化も決定的に重要となる。『安保三文書』公表に合わせて、二〇二二年一二月一一日から一八日まで、防衛研究所の二人の研究員がエストニアのタリンにあるNATOサイバー防衛協力センター(NATOCCDCOE)、国際防衛安全保障センター(ICDS)、フィンランドのヘルシンキにあるHybrid CoEを訪問し意見交換を行った。二〇二三年一〇月二日には、防衛研究所の研究員が、Hybrid CoEが主催したシンポジウムで認知戦・認知優位に関するサイバー・ハイブリッド領域での様相に関して意見交換を行い、同年一二月一日にも、Hybrid CoE戦略・防衛部副部長/サイバー部門長ジョセフ・シュローフル大佐と認知戦に関する意見交換を防衛研究所は行った。こうした知的交流は今後も継続していくべきであろう。

すでに紹介したように、ロシアからさまざまなハイブリッド戦争の脅威を受けているポーランドは、こうした脅威に対抗するための経験を蓄積していることから、ポーランドの経験から学ぶことは日本としても少なくないはずだ。そしてハイブリッド戦争への独自の対抗策を講じているチェコとの連携も日本にとって決定的に重要である。

最先端を行くチェコ

ＮＡＴＯ加盟国の中でも、近年、権威主義諸国発のハイブリッド戦争への対抗策を充実させているのがチェコである。二〇一四年のウクライナ危機を受け、チェコ国内ではロシアがしかけるハイブリッド戦争への警戒感が社会全体で広まった。二〇一五年、チェコ政府は『安全保障戦略』を公表した。『安全保障戦略』（一三頁）には、ハイブリッド戦争の手法を通じ既存の国際秩序を書き換えようとする国家が複数存在していることが指摘されている。[166] 名指しされていないものの、ロシアが想定されていることは指摘するまでもない。

同戦略文書公表後、およそ一年かけて、チェコでは関係省庁の垣根を越えて、また官民が協力するかたちで、ハイブリッド戦争を含めチェコが直面している国家安全保障上の脅威の包括的見直し作業が行われた。その成果は『国家安全保障監査報告書』（National Security Audit）として二〇一六年一二月に公表された。

チェコ内務省主導で執筆作業が行われた同監査報告書には、ハイブリッド脅威に関する一章が設けられている。同章の草案は、ヤクブ・ランドフスキー国防副大臣兼ねて同省防衛戦略局長（在任：二〇一五〜一九年）を中心に、チェコ国防省の制服組に加えて、ロシアの軍事情勢に詳しいペトル・パヴェル元ＮＡＴＯ軍事委員長（在任：二〇一五〜一八年）やチェコの安全保障問題シンクタンクＥＶＣ（European Values Center for Security Policy）のヤクブ・ヤンダ副所長といった官民の専門家の協力の下で執筆された。[167] ＥＶＣはヨーロッパのシンクタンクの中で唯一、台湾に事務所を設置している。

『国家安全保障監査報告書』ではテロリズム・ハイブリッド脅威対策センター（ＣＴＨＨ）の設置が提唱され、二〇一七年一月、チェコ内務省にＣＴＨＨが設置された。ＣＴＨＨは新たに創設されたセンターではなく、チェコ内務省内の関係部署を統合したユニットであることが特徴的だ。

二〇二一年には、『国家安全保障監査報告書』のハイブリッド脅威の一章を拡張させるかたちで、チェコ国防省は『ハイブリッドな干渉に対抗する国家戦略』を公表した。同文書は、タイトルにもある「ハイブリッドな干渉」（hybrid interference）という概念について「国家および非国家アクターによる公然・非公然活動に関わるもので、ターゲットは民主的な国家や社会の脆弱な要素である」と説明している（第三段落）。また、同文書はチェコの領土への直接的な大規模な軍事攻撃が発生する可能性は低いとしながらも（第六段落）、平和・危機・紛争の間の境界をあいまいにするハイブリッドな干渉による脅威にチェコはさらされており（第八段落）、こうした行動は地域あるいは国際秩序を力によって書き換えようとする権威主義体制下の修正主義国家に由来するものであると指摘する

（第七段落）。

チェコ政府の提示するハイブリッドな干渉という概念が、ハイブリッド戦争の広義の定義と軌を一にするものであることが分かる。同文書も、名指しこそしていないものの、チェコにハイブリッドな干渉による脅威をおよぼしている国々はロシアであり中華人民共和国であることは明らかである。[168] 同文書には、ハイブリッドな干渉への対抗策として、重要インフラ強化（第一四段落）、異なるイデオロギーや価値観を信奉する国家への戦略的依存度を減らす（第一六段落）、市民社会に存在する団体や教育プログラムをハイブリッド干渉の一環として注視する（第一七段落）、戦略的コミュニケーションを拡充する（第一九段落）といった日本としても参考になる事項が示されている。[169]

多角的・多層的な安全保障協力

これらの国々との関係を強化しつつ、当然のことながら日本は同盟国、米国や自由・民主主義の価値観を共有する同志国や関係する国際機関との安全保障協力を通じて、力による現状変更の試みを未然に防ぐ抑止ネットワークを構築することも急務である。

すでに安倍晋三、菅義偉、岸田文雄各政権下の日本は、こうした取組みを着実に行っている。安倍元総理が推進したＱＵＡＤ（日米豪印）はもとより、自衛隊と各国部隊の相互訪問を円滑にするための円滑化協定（ＲＡＡ）をすでに日本はオーストラリアや英国と締結し、今や日本とオーストラリアや英国は「準同盟」の関係にまで発展した。二〇二三年一一月、日本は、南シナ海で中華人民共和国の現状変更の試みやさまざまな妨害活動に直面しているフィリピンとRAA締結に向けた協議を開始した。また、日本はフランスともRAA締結を視野にすでに協議を進めている。

さらに、二〇二三年八月一八日、米国大統領専用の山荘キャンプデービッドで、岸田総理と韓国の尹錫悦大統領とバイデン大統領は「キャンプデービッド精神」を発表し、日米韓三か国の安全保障協力を強化することを謳った。すでに韓国は、二〇二三年四月二六日、NATOをモデルにした核抑止体制を米韓同盟に適用する「ワシントン宣言」を米国と発表している。[170]

これらに加えて、二〇二一年九月に米英豪三か国の安全保障協力枠組みAUKUSが創設されており、今後、日本はAUKUSとAIや量子などの先端防衛分野で協力していく見込みだ。さらに、日本はNATOとの連携を一層強化する方向へと舵を切っている。二〇二二年六月のNATOマドリード首脳会談に日本の総理として初めて岸田総理が出席し、同会談には、NATOアジア太平洋パートナー（AP4）として韓国、オーストラリア、ニュージーランドの首脳も出席した。二〇二三年七月のNATOビリニュス首脳会談に出席した岸田総理はNATOと新たな協力文書「日・NATO国別適合パートナーシップ計画」（ITPP）を交わした。外務省欧州局の資料（令和五年七月一二日）が示すように、ITPPではサイバー防衛、戦略的コミュニケーション、新興破壊技術（AI、量子など）、宇宙安全保障、海洋安全保障など一六の分野における両者の協力が謳われている。

ＮＡＴＯも日本との連携に関心を持っている。本書で言及したＮＡＴＯ『戦略概念』（二〇二二年版）には「欧州大西洋」（Euro-Atlantic）という概念が登場しているが、これは安倍元総理が推進した「自由で開かれたインド太平洋」の中の「インド太平洋」（Indo-Pacific）という概念に呼応したものとなっている。地政学的には、欧州（Euro）やインドはユーラシア大陸の「半島」であり、「半島」の先には海洋秩序が広がっている。「インド太平洋」と対の概念である「欧州大西洋」の同盟としてのＮＡＴＯと日本が知的交流も含め接近していくことも、主権国家体制を否定する権威主義諸国と対抗していくという文明論的にみても決定的に重要だ。

こうした日米同盟を基軸とした多角的・多層的な安全保障協力の取組みは、中華人民共和国が台湾や日本――特に沖縄――に対してしかけるであろうハイブリッド戦争への対抗という観点からも理にかなったものである。

通常抑止の強化

そして当然のことながら、力による一方的な現状変更の試みであるハイブリッド戦争の脅威に対しては、武力攻撃への対応と同様に、通常戦力による抑止態勢を強化していくことも重要である。すでに自衛隊は南西諸島の防衛体制の強化を着実に行っている。自衛隊の南西シフトについては、今後、陸上自衛隊第一五旅団（沖縄県那覇市）を師団に改編し、現在の一個普通科連隊を二個連隊とするのをはじめ三〇〇〇人規模に増強することになっている。陸上自衛隊の空白部となっていた沖縄県先島諸島についても、二〇一六年に西部方面情報隊（熊本県熊本市）隷下の与那国沿岸監視隊が新編された。二〇一九年には第八師団（熊本県熊本市）管内の奄美警備隊と第一五旅団管内の宮古警備隊が、二〇二三年には、第一五旅団管内の八重山警備隊（石垣市）がそれぞれ新編された。

こうした南西諸島に展開する陸上自衛隊は電子戦部隊と地対艦ミサイルの運用部隊が主であり、周辺国の力による一方的な現状変更の試みを抑止する部隊としての役割がある。そして万が一、抑止が破られ、現状変更の試みが生起した場合、即応性に富む陸上自衛隊水陸機動団、第一空挺団や海上自衛隊、航空自衛隊の各部隊が共に、効果的に対処していくことが期待される。二〇二三年一一月、在沖米海兵隊も、従来の第一二海兵連隊をより強靭で機動的な第一二海兵沿岸連隊（ＭＬＲ）に改編している。陸上自衛隊と共に南西諸島防衛の中核をなすＭＬＲも南西方面の日本の通常抑止能力を向上させるものである。

自衛権との関わり

ハイブリッド戦争は武力攻撃未満の事態を意味することから、前著でも指摘した通り、国連憲章が規定する自衛権が発動できるかどうか、という法的グレーゾーンの課題がたしかに存在している。そのため、多国間同盟であるＮＡＴＯは、同盟の信頼性にも関わる問題でもあることから、宣言や戦略文書などで、ハイブリッド戦争については、北大西洋条約（ワシントン条約）第五条が規定する集団的自衛権が発動される可能性を宣言している。

例えば、二〇一八年七月のＮＡＴＯブラッセル首脳会合宣言には、「ハイブリッド戦争に際しては、武力攻撃事態と同様に、理事会はワシントン条約第五条を発動する場合もある」とあり（第二一段落）、『戦略概念』（二〇二二年版）には「同盟国に対するハイブリッド作戦は武力攻撃のレベルに達する可能性があり、北大西洋理事会による北大西洋条約第五条の発動につながる場合もある」（第二七段落）とある。二〇二三年七月のＮＡＴＯビリニュス首脳会合コミュニケでも、『戦略概念』第二七段落の一節が強調されている（第六四段落）。

こうした宣言政策は、ハイブリッド戦争をしかけてくるロシアなどへの「牽制球」の意味が強いが、それ以外にも、「加盟国を対象としたハイブリッド戦争が実際に発生したら、北大西洋条約第五条は発動されるのか」という同盟の信頼性低下を危惧するＮＡＴＯ加盟国に対する「安心供与」の論理もある。

ＮＡＴＯはこのようにハイブリッド戦争に対する自衛権行使について神経を尖らせているが、米国やイスラエルなどは、国境付近の小競り合いやテロ活動などの「低水準紛争状態」が繰り返し行われて集積すれば、自衛権の発動対象である武力攻撃とみなすことができるという累積理論に基づきハイブリッド戦争の脅威に対抗している。(171)

累積理論に基づく自衛権行使の最近の例として、イランの支援を受けたハマスによる攻撃対象となったイスラエルが「戦争」、すなわち「武力攻撃と同等である」と宣言し、自衛措置をとったハマス・イスラエル戦争や、ガザでの戦闘開始後、イランが支援し紅海やアデン湾付近の海上で秩序攪乱行為を続けるフーシー派が持つイエメンの軍事拠点を二〇二四年一月に米英両軍が攻撃したことなどが挙げられる。

日本においては、日本が累積理論に基づき自衛権を行使することができるという議論は政府や学界でなされてはいない。国連憲章第五一条が定める武力攻撃未満のハイブリッド戦争に自衛権が発動可能かどうかがあいまいであるという点においては、NATOと同様の課題を抱える日本ではあるが、日本独自の用語である「マイナー自衛権」に基づけば、武力攻撃未満の事態であるハイブリッド戦争に自衛権を発動することは、実は可能である。

日本政府は、①一国に対する組織的・計画的な武力の行使である武力攻撃の発生を要件とする国連憲章第五一条の定める自衛権と併存するかたちで、②武力攻撃にいたらない、より軽微な実力の行使に対抗するための必要最小限の実力を行使できるという「慣習国際法の定める自衛権」が存在しているという立場をとっている。この②は俗に「マイナー自衛権」と呼ばれている。[172] この点、NATOとは異なり、「マイナー自衛権」に基づけば、ハイブリッド戦争が投げかける法的グレーゾーンの課題を日本は実は乗り越えていることを意味する。

武力攻撃にいたらない段階における現状変更の試みに対し、日本が自衛権を発動するかどうかについての残る課題は、政策判断と政治決断となる。

「力」の構想

現状変更につながるハイブリッド戦争や武力攻撃を防ぐ抑止のためには、そして抑止が破られたときに現状の回復を目的に対処するためには、結局のところ「力」が必要なのである。「力による均衡」(バランス・オブ・パワー)があるところに「平和」がある。冷徹だが、これが国際政治の本質である。

かつて国際政治学者、高坂正堯は、戦後日本の論壇で支配的であった日米安保体制放棄や中立を掲げながら「平和」を訴える者に対し、日米安保条約が極東における「力による均衡」を成立させ、戦争が起こりにくい状況を作っていることを見過ごしていると批判しながらも、それでいて、これらの論者が「平和」といった価値の問題を国際政治に導入していることについて肯定的に評価したことがある。(173)

そんな高坂のことを、ある者は「ロマンティスト」と呼んだ。これについて高坂は、次の老成した文章を書き残している。

高坂三一歳のときのそれである。

私は現実主義者であるよりはロマンティストであるかもしれない。しかし政治の研究者として政治について論ずる以上、現実主義の立場から論じ、ロマンティシズムを表面に出さないのがむしろ当然であると私は思う。政治におけるロマンティシズムは時として英雄を生みはするが、多くの場合には政治を失敗させる。

そして高坂は、「力」について、彼なりの現実主義の視点から鋭い観察をしている。

数多くの欠点を持ち、しばしば失敗を犯し、善とともに悪をその性質として持つ人間の構成する社会では、力を正しく使ってそれを讃えることも、力を否定することも、かえって恐ろしい結果を招くことが多い。現実主義者は、力を過小評価する人々やそれの否定を夢見る人に対しては、力の闘争は人間が存在するかぎりつづくことを指摘する。そして正しく使われた力の生み出す効果に魅せられる人々に対しては、力の本性的な恐ろしさを注意する。言葉をかえて言えば、現実主義とは力の必要性とともにその恐ろしさを認識する立場なのである[174]（圏点は原文）。

現在、「開かれた社会」は自らの「開かれている」がゆえの脆弱性をターゲットに「閉ざされた社会」がしかけるハイブリッド戦争の脅威に直面している。そして、その脅威は国際秩序をも揺るがしている。本書では筆者なりの考えをまとめたが、こうした厳しい時代を生き抜くために日本に必要な「力」は、本書で論じたもので果たして十分なのだろうか。

難しい問いである。明確な答えはないのかもしれない。答えを見つけたとしても、時代の変化に合わせて常に問い続ける姿勢が必要となるのであろう。

だが、これだけは言いたい。

それを過小評価することもなく、その効果に魅せられることもなく、そのような「力」を構想する営みを止めてはならない。

その営みを止めないかぎり、わたしたちの明日とその先の未来はきっと明るい。

そう信じ続けようではないか。

この厳しい競争に必ず打ち勝てると信じ続けられた者だけが、競争における勝者になれるのだから。

おわりに

いま、思い出そうとしている。

そうしなくてはならないのは、ひとえに身体の不調による。身体の不調の原因に、人権や国際的感覚に鈍感で、時代の流れをつかもうとせず、平和や自由、進歩のための価値を創出しようとする行いを陰に陽に妨害する「昨日までを生きていた者たち」の存在があった。頭痛や嗚咽に悩まされる毎日が続いた。眠りにつくことができず長い夜を何度過ごしたかは分からない。頭の中に霞がかかった。真冬の風が吹きすさぶデゥポンサークルの一角にある、あの書店クラマーズでの思い出も、ブダ城から見下ろしたあの夏のドナウ川のさざなみも、音もなく遠くへ消え去ってしまう気がしてならなかった。何より文字が頭に入ってこないのである。執筆の意欲も湧かない。研究者にとって致命的であった。そんな中でも時代は目まぐるしい速さで進んでいく。頭も身体も思うように動かせない自分の姿が悔しかった。

音のない無感情の世界へと落ちていく感覚を、賑やかな色彩に満ち溢れる新天地、沖縄で味わうことになろうとは、なんとも残酷なように感じられた。

けれども、美しい沖縄で送る日々の中では、こうした残酷さを感じたことは一度たりともなかった。燦燦と照る太陽の下、空と海の境界のない青い世界が島を包み込み、やがて西の果てから一日の終わりを告げるオレンジ色の世界がこちらへ拡がり、そして訪れる満天の星である。沖縄の美しさは、私に、忘れかけていた思い出や自らのやるべきことを何度も思い起こさせてくれた。

そんな沖縄で、米国やハンガリー、東京で進めてきた安全保障研究を引き続き行っている。沖縄という土地柄、正面から安全保障研究を行う私は、時折、自分が「孤独な現実主義者」となっている感覚に苛まれることもあった。多くは書かないが、日本全体で見たとき、「学問の自由」や「表現の自由」が尊重されているべき学会や言論空間には、どこか「不自由」さがつきまとう。独特の権力構造がそこにはある。沖縄も例外ではない。それどころか、「反権力」を叫ぶ「学者」や「市民」、メディアの一部が結託し別の権力構造を生み出している状況である——そして彼らはそうした状況に無自覚であることが多い——。「孤独な現実主義者」と感じてしまうことは無理もないことであった。

ただ、こうして、いま思い出してみれば、私は「現実主義者」であったかもしれないが、「孤独」ではなかった。所属先の名桜大学では実に素晴らしい学生たちに恵まれている。さまざまな価値観や背景を持つ学生たちの過去や心の中には、首都圏で育った私などには到底、耐えられないようなこともあったことだろう。ところが、学生たちはいつも笑顔を絶やさず、向学心に燃え、強く、たくましく青春を謳歌し、明日に向かおうとしている。何より優しいのである。「強さ」の源泉が「優しさ」にあることを私は学生たちから学ばせていただいた。

学生たちのそんな眩しい姿は、私に沖縄で教育・研究に携わる意味を何度も再確認させてくれた。人生とは実に不思議なものである。私が沖縄の大学への移籍を決断しなければ、このような学生たちとの素晴らしい出会いはなかった。その意味において、名桜大学という場所が私は大好きである。

キャンパスの外でもさまざまな出会いに恵まれている。前著『ハイブリッド戦争の時代──狙われる民主主義』（並木書房、二〇二一年）を刊行したことで、ハイブリッド戦争や武力攻撃の脅威から日本の明日を守るため格闘する実務家や専門家の方々と交流する機会に恵まれている。こうした出会いは国境を越え、ロシアによる古典的な侵略戦争や権威主義勢力がしかけるさまざまなハイブリッド戦争、情報戦の脅威に揺れる国際秩序の維持に奔走する各国政府や国際機構の関係者と知り合うこともできた。ご迷惑がかかってはならないため、お名前やご所属を列挙することはここでは控えるが、若手研究者の研究活動に関心をお寄せいただき、私の拙い意見に真摯に耳を傾けてくれる関係者全ての皆様に心からの御礼と最大限の敬意を払いたい。

言うまでもなくハイブリッド戦争をテーマとする本書は安全保障の研究領域の成果物である。安全保障の要諦とは、つまるところ、「何を何からどう守るか」である。私にも守りたいものがある。高坂の一節を引くまでもなく、政治の研究をしている以上、さまざまなデータや資料に照らし合わせながら現象を冷静に分析することを心がけてはいる。が、究極的に「守りたいものをどう守るか」を問う私の心には、それなりに熱いものがある。それは、降り注ぐ太陽の下、手を確かに繋ぎながら愛娘に優しく語りかける母の姿である。それは、名護湾を見下ろす研究室で研究テーマから人生について談笑するゼミ生たちの姿である。あるいは、社会的注目を浴びることはないのかもしれないが、日本を守る現場の方々の日々格闘するまっすぐな姿である。私が守りたいのは、例えば、そんな風景である。こう、思い出してみれば、私は「孤独な現実主義者」などではなかった。多くの人に恵まれたロマンティストでもあった。これまで、楽しく嬉しいこともたくさんあったが、身体の不調で苦しむ辛い日々も少なくなかった。が、もう、よいのである。私は、こうした「明日を生きていく者たち」と共にこれからの人生を歩んでいこうと思う。

本書でも、前著と同様、研究活動の基本作法である先行研究の紹介とその批判的《クリティカル》な検討の一環で、それぞれの論者によるハイブリッド戦争や国際政治研究についての批判を行った。各論者が大学やシンクタンクというアカデミックな研究機関に籍を置きながら、先行研究の丹念な精査をした上で論考を公表していないことには、正直、驚きを禁じ得ない。研究、そして、広い意味での科学というものは、先行研究の精査や、場合によってはその学術的批判をすることで発展していくものである。

本書で批判させていただいた——無論、批判それ自体が目的ではない——各論者の経歴や肩書が権威あるものであることが、別の論者が学術的批判をしにくい要因になっているのかもしれない。相互批判ではなく相互引用——お互いを持ち上げる。近年、日本では学会という物理的空間ではなくX（旧ツイッター）というバーチャルな空間でも発生している——することで、予算やポストを優先的に「身内」に配分していこうという考えも働いているのかもしれない。事実、日本の研究コミュニティーでは、こうした配慮が働くことが多い。だが、それとこれとは別問題である。

相互批判が機能不全に陥った「身内」で固めて創り上げられた「集合知」とも呼べる知の体系が、国家の政策に応用され、結果的に国家の命運を左右する事態に陥ってしまってはたまったものではない。「研究者」を名乗る以上、先行研究批判の基本作法は外したくはない、そして、このような問題意識から、各論者の研究活動に敬意を払いつつ、本書でも先行研究批判を行わせていただいた。

日本における先行研究と、前著や本書で提示したハイブリッド戦争の評価については、本書を手に取られた読者の皆様のご判断にお任せしたい。ハイブリッド戦争の適切な理解につながるのであれば、私の研究内容についての学術的批判も素直に受け入れていきたい。より洗練された議論につなげていければと思う。

本書は前著『ハイブリッド戦争の時代』を刊行してからちょうど三年後に世に問うた作品である。前著の続編であり、発展版でもある本書を刊行したいという私のわがままを快く引き受けてくださった並木書房社長には心より感謝している。本書の構想は、『月刊正論』や『治安フォーラム』に寄稿した文章を執筆していく過程で生まれた。雑誌に寄稿する機会を与えてくださった『月刊正論』や『治安フォーラム』関係者の方々にも御礼を申し上げる。また、本書で提示した内容の大部分は実務に従事する現場の方々との数々の議論を通して練り上げられた。同分野の研究の発展のみならず日本外交・安全保障政策の実務に少しでも応用できるような議論を本書が提供できているとすれば望外の喜びである。

無論、議論の至らぬ点については、私ただ一人にその責がある。本書でも、研究書特有の硬い文章ではなく、さまざまな概念を多用したものの、なるべく分かりやすい文体で書くことに努め、また脚注や参考文献リストを充実させることにも努めた。ハイブリッド戦争や情報戦に関心を持たれた読者の方々にとってのハンドブックのような役割を、前著と共に本書も持てればと思う。

本書の校正作業をしていた二〇二四年三月中旬、USNATO（NATO米国政府代表部）のプログラムの一環でＮＡＴＯ本部を訪問するという大変貴重な機会を得た。ＮＡＴＯ本部ではＮＡＴＯの関係部署の専門家と、ハイブリッド脅威や偽情報、戦略的コミュニケーション、日本・ＮＡＴＯ協力の可能性など多岐にわたるテーマについて議論することができた。

ＮＡＴＯ側の専門家とのやり取りを通して、ハイブリッド脅威の捉え方からＮＡＴＯ側の中華人民共和国に対する認識の変遷についてヨーロッパでなされている議論を前著や本書が正確に反映できていることを知れたことも有益であった。

前著と共に本書でも日米同盟のみならず日本・ＮＡＴＯ協力の重要性を示してきたこともあり、期せずしてＮＡＴＯ本部を訪問することになった自分が、まるで自分の描いた物語の中へと入り込んでいくような何とも不思議な、それでいて嬉しい感覚を覚えた。こちらについても、ご迷惑がかかってはならないためお名前やご所属を挙げることは控えるが、日本・米国・ＮＡＴＯ側の関係者、そして同行者の皆様には大変にお世話になった。

これらは全て前著の刊行により導かれた国内外のさまざまな人との出会いであった。そして本書の刊行である。これから先どのような出会いが待っているのだろう。研究成果物を書籍として出版し、こう考えることのできる私は本当に幸せである。

最後に、書籍からつながる人との出会いを我がことのように喜び、いかなる時も優しく、そして笑顔でいてくれる最愛の妻に感謝しながら筆をおく。

令和六年三月二六日

志田淳二郎

主要参考文献

英語

Abdyraeva,Cholpon, "The Use of Cyberspace in the Context of Hybrid Warfare: Means, Challenges and Trends", *OIIP Working Paper,* No.107, (June 2020), pp.1-36.

Ajir, Media, and Bethany Vailliant, "Russian Information Warfare: Implications for Deterrence Theory", *Strategic Studies Quarterly,* Vol.12, No.3, (Fall, 2018), pp.70-89.

Aukia, Jukka, "China as a Hybrid Influencer: Non-state Actors as State Proxies", *Hybrid CoE Research Report,* No.1, (June 2021), pp.1-31.

Bilal, Arsalan, "Hybrid Warfare: New Threats, Complexity, and 'Trust' as the Antidote", *NATO Review,* (November 30, 2021).

Bond, Margaret, *Hybrid War: A New Paradigm for Stability Operations in Failing States* (Carlisle Barracks: U.S. Army War College, 2007).

Brown, Jack, "An Alternative War: the Development, Impact, and Legality of Hybrid Warfare Conducted by the Nation State", *Journal of Global Faultlines,* Vol.5, No.1-2, 2018, pp.59-82.

Brown, Leslie F., *Twenty-First Century Warfare Will be Hybrid* (Carlisle Barracks: U.S. Army War College, 2011).

Capurso, Federico, "Russian 'Hybrid War'? Italy Says Wagner Group Is Using Migrant Trafficking To Divide the West", *World Crunch,* (March 15, 2023).

Daniel, Jan, and Jakub Eberle, "Hybrid Warriors: Transforming Czech Security through the 'Russian Hybrid Warfare' Assemblage", *Czech Sociological Review,* Vol.54, No.6, 2018, pp.907-932.

de Bendern, Samantha, "Belarus is New Weapon in Putin's Hybrid Warfare Arsenal", *Chatham House Expert Comment,* (August 18, 2021).

de Liedekerke, Arthur, and Maarten Toelen, "The Relevance of Clausewitzian Theory in Hybrid War: The Iranian-Saudi Rivalry", *Hybrid*

CoE Working Paper, No.15, (March 2022), pp.1-19.
Deshpnade, Vikrant, (ed.) *Hybrid Warfare: The Changing Character of Conflict* (New Delhi: Pentagon Press, 2018).
Dilegge, Dave, Alma Keshavarz, and Robert J. Bunker (eds.) *Iranian and Hezbollah Hybrid Warfare Activities: A Small Wars Journal Anthology* (Bloomington: iUniverse, 2016).
Egozi, Arie, "Israeli Multi Domain War Gets First Test in Gaza", *Breaking Defense,* (May 17, 2021).
Eisenstadt, Michael, "Iran's Gray Zone Strategy: Cornerstones of its Asymmetric Way of War", *PRISM,* Vol.9, No.2, 2021, pp.77-97.
English, Robert, *Russia and the Idea of the West: Gorbachev, Intellectuals and the End of the Cold War* (New York: Cambridge University Press, 2000).
Filipec, Ondrej, "Multilevel Analysis of the 2021 Poland-Belarus Border Crisis in the Context of Hybrid Threats", *Central European Journal of Politics,* Vol.8, No.1, (April 2021), pp.1-18.
Fitzgerald, John, "Combating Beijing's Sharp Power: How Australia's Civil Society Led the Way", *Journal of Democracy,* Vol.33, No.3, (July 2022), pp.130-143.
Fox, Amos C., "Russian Hybrid Warfare: A Framework", *Journal of Military Studies,* Vol.10, No.1, 2021, pp.60-72.
Fridman, Ofer, *Russian 'Hybrid Warfare': Resurgence and Politicization* (London: Hurst & Company, 2018).
Fridman, Ofer, "A War of Definitions: Hybridity in Russia and the West" OferFridman, Vitaly Kabernik, and James C. Pearce (eds.) *Hybrid Conflict and Information Warfare: New Labels. Old Politic*s (Lynne Rienner Publishers, 2019), pp.67-84.
Fridman, Ofer, "On the 'Gerasimov Doctrine'", *PRISM,* Vol.8, No.2, 2019,pp.100-113.
Gardner, Hall, "Hybrid Warfare: Iranian and Russian Versions of "Little Green Men" and Contemporary Conflict", *NATO Defense College Research Paper,* Vol.123, (December 2015), pp.1-16.
Gerasimov, Valery, "The Values of Science is in the Foresight: New Challenges Demand Rethinking the Forms and Methods of Carrying out Combat Operations", *Military Review,* (January-February, 2016), pp.23-29.
Hadjitodorov, Stefan, and Martin Sokolov, "Blending New-generation Warfare and Soft Power: Hybrid Dimensions of Russia-Bulgaria Relations", *Connections,* Vol.17, No.1, 2018, pp.5-20.

Hadzhiev,Boya, "Enablers of Hybrid Warfare: the Bulgarian Case", *Journal of International Studies,* Vol.13, No.1, 2020, pp.28-43.

Hála, Martin, "Combating Beijing's Sharp Power: Transparency Wins in Europe", *Journal of Democracy,* Vol.33, No.3, (July 2022), pp.158-171.

Hoffman, Frank, *Conflict in the Twenty-First Century: The Rise of Hybrid Warfare* (Arlington: Potomac Institute for Policy Studies, 2007).

Hosaka, Sanshiro, "Ukraine's Agency in Japanese Discourse: Everything Ok with Government and People, While Academia in Trouble", *Journal of Regional Security,* No.18, (January 2023), pp.41-50.

Huntington, Samuel P., "Transnational Organizations in World Politics", *World Politics,* Vol.25, No.3, (April 1973), pp.333-368.

Jacobs, John, "Hybrid Warfare after the Brussels Summit", *AtlantischPerspectief,* Vol.42, No.4, 2018, pp.23-27.

Jonsson, Oscar, *The Russian Understanding of War: Blurring the Lines between War and Peace* (Washington D.C.: Georgetown University Press, 2019)

Joska, Alex, *Spies and Lies: How China's Greatest Covert Operations Fooled the World* (Richmond: Hardie Grant Books, 2022).

Käihkö,Ilmari, "The Evolution of Hybrid Warfare: Implications for Strategy and the Military Profession", *The US Army War College Quarterly,* Vol.51, No.3, (Autumn 2021), pp.115-127.

Kaunert, Christian, and Ori Wertman, "The Securitisation of Hybrid Warfare through Practices within the Iran-Israel Conflict: Israel's Practices for Securitising Hezbollah's Proxy War", *Security &DefenceQuarterly,* Vol.31, (April, 2020), pp.99-114.

Kong, Weilong, and Tim Marler, "Ukraine's Lessons for the Future of Hybrid Warfare", *National Interest,* (November 25, 2023).

Krishnan, Armin, "Fifth Generation Warfare, Hybrid Warfare, and Gray Zone Conflict: A Comparison", *Journal of Strategic Security,* Vol.15, No.4, 2022,pp.14-31.

Libiseller, Chiara, "'Hybrid Warfare' as an Academic Fashion", *Journal of Strategic Studies,* Vol.46, No.4, 2023, pp.1-23.

Lubinski, Piotr, "Hybrid Warfare or Hybrid Threats: The Weaponization of Migration as an Example of the Use of Lawfare- Case Study of Poland", *Polish Political Science Yearbook,* Vol.51, 2022, pp.43-55.

Magen, Amichai, "Hybrid War and the Gulliverization of Israel", *International Institute for Counter-Terrorism Working Paper,* (May 2012), pp.1-21.

Mareš, Miroslav, Josef Kraus, and Jakub Drmola, "Conceptualisation of Hybrid Interference in the Czech Republic: How to Make it a Practically Researchable Phenomenon?" *Politics in Central Europe,* Vol.18, No.3, 2022, pp.343-354.

Mattis, James, and Frank Hoffman, "Future Warfare: The Rise of Hybrid Wars", *U.S. Naval Institute Proceedings,* (November 2005).

McFarland, David, *Understanding Hybrid Warfare: Navigating the Smoke and Mirrors of International Security* (Independently Published, 2021).

Mearsheimer, John J.,"The Causes and Consequences of the Ukraine War: A Lecture by John J. Mearsheimer", *YouTube,* (June 16, 2022).

Morris, Lyle J., Michael J. Mazarr, Jeffrey W. Hornung, Stephanie Pezard, Anika, Binnendijk, and Marta Kepe, *Gaining Competitive Advantage in the Gray Zone: Response Options for Coercive Aggression Below the Threshold of Major War* (Santa Monica: Rand Corporation, 2019).

Mumford, Andrew, & Pascal Carlucci, "Hybrid Warfare: the Continuation of Ambiguity by Other Means", *European Journal of International Security,* Vol.8, No.2, (May 2023), pp.192-206.

Nemeth, William J., *Future War and Chechnya: A Case for Hybrid Warfare* (Monterey: Naval Postgraduate School, 2002).

Nye, Jr., Joseph S., & Robert Keohane, "Transnational Relations and World Politics: An Introduction", *International Organization,* Vol.25, No.3, (Summer 1971), pp.329-349.

Ozawa, Marc, "Adapting NATO to Grey Zone Challenges from Russia", *NATO 2030: New Technologies, New Conflicts, New Partnerships* (NATO Defense College, 2021), pp.19-31.

Punda,Yurii, VitaliiShevchuk, ViljarVeebel, "Is the European Migrant Crisis Another Stage of Hybrid War?" *Estonian Journal of Military Studies,* Vol.13, 2019, pp.116-136.

Pynnöniemi, Karti, & Minna Jokela, "Perceptions of Hybrid War in Russia: Means, Targets and Objectives Identified in the Russian Debate", *Cambridge Review of International Affairs,* Vol.33, No.6, 2020, pp.828-845.

Schrader, Matt, "'Chinese Assistance Centers' Grow United Front Work Department Global Presence", Jamestown Foundation (January 5, 2019).

Scutaru, George, Marcu Solomon, EcaterinaDadiverina, and Diana Baroian, *Russia's Hybrid War in the Republic of Moldova* (New Strategy Center, Bucharest, 2023).

Spruds, Andris, Una Aleksandra Berzina-Cerenkova, and Sintija Broka, *Hybrid Threats in Baltics and Taiwan: Commonalities, Risks and Lessons for Small Democracies* (Latvian Institute of International Affairs, 2022).

Thomas, Daniel C., *The Helsinki Effect: International Norms, Human Rights, and the Demise of Communism* (Princeton: Princeton University Press, 2001).
Umbrasas, Karl, "Forging a Counterhybrid Unit", *Interagency Journal*, Vol.9, No.4, 2018, pp.96-103.
Walker, Christopher, "What is 'Sharp Power'?", *Journal of Democracy*, Vol.29, No.3, (July 2018), pp.9-23.
Walt, Stephen M., "International Relations: One World, Many Theories", *Foreign Policy*, No.10, 1998, pp.29-46.
Walt, Stephen M., "Russia's Defeat Would Be America's Problem: Victory in Ukraine could easily mean hubris in Washington", *Foreign Policy*, (September 27, 2022).
Watling, Jack, Oleksandr V. Danylyuk and Nick Reynolds, "Preliminary Lessons from Russia's Unconventional Operations during the Russo-Ukrainian War, February 2022-February 2023", *Royal United Services Institute for Defense and Security Studies*, (March 29, 2023).
Weissmann, Mikael, Niklas Nilsson, Björn Palmertz& Per Thunholm (eds.) *Hybrid Warfare: Security and Asymmetric Conflict in International Relations* (London: I.B. Tauris, 2021).
Yablokov, Ilya, *Fortress Russia: Conspiracy Theories in Post-Soviet Russia* (Cambridge: Polity, 2018).
Zabrodskyi, Mykhaylo, Jack Watling, Oleksandr V. Danylyuk and Nick Reynolds, "Preliminary Lessons in Conventional Warfighting from Russia's Invasion of Ukraine: February-July 2022", *Royal United Services Institute for Defense and Security Studies*, (November 30, 2022).

邦語

青井千由紀『戦略的コミュニケーションと国際政治―新しい安全保障政策の論理』（日本経済新聞出版、二〇二二年）。

浅田正彦・玉田大編『ウクライナ戦争をめぐる国際法と国際政治経済』（東信堂、二〇二三年）。

浅野亮・土屋貴裕『習近平の軍事戦略―「強軍の夢」は実現するか』（芙蓉書房出版、二〇二三年）。

イーストン，イアン（信田智人訳）『習近平の覇権戦略―中国共産党がめざす「人類運命共同体」計画』（PHP、二〇二三年）。

飯山陽『中東問題再考』（扶桑社新書、二〇二二年）。

岩沢雄司『国際法』（東京大学出版会、二〇二〇年）。

ヴァサラ，アンティ（鬼塚隆志監修／壁村正照・木村初夫訳）『ロシアの情報兵器としての反射統制の理論―現代のロシア軍事戦略の枠組みにおける原点、進化および適用』（五月書房、二〇二二年）。

植木千可子『平和のための戦争論―集団的自衛権は何をもたらすのか？』（ちくま新書、二〇一五年）。

ウッドワード，ボブ／ロバート・コスタ（伏見威蕃訳）『PERIL危機』（日本経済新聞出版、二〇二一年）。

大澤淳「台湾有事とハイブリッド戦争」『国際情報ネットワーク分析IINA』（二〇二二年八月二四日）笹川平和財団ホームページ。

大澤淳「新領域における戦い方の将来像―ロシア・ウクライナ戦争から見るハイブリッド戦争の新局面」高橋杉雄編『ウクライナ戦争はなぜ終わらないのか―デジタル時代の総力戦』（文春新書、二〇二三年）一四五―一八〇頁。

大竹弘二「ロシア、ドイツ、ユーラシア理念―今日のヨーロッパ右翼における反リベラルな地政学について」『アカデミア人文・自然科学編』第二五号（二〇二三年一月）一五九―一八一頁。

岡垣知子『国際政治の基礎理論』（青山社、二〇二一年）。

岡田英弘『歴史とはなにか』（文春新書、二〇〇一年）。

岡田英弘『中国文明の歴史』（講談社現代新書、二〇〇四年）。

岡本隆司『近代中国史』（ちくま新書、二〇一三年）。

岡本隆司『中国の論理―歴史から解き明かす』（中公新書、二〇一六年）。

ガーシャネック，ケリー・K（鬼塚隆志監修／壁村正照訳）『中国の政治戦―「戦わずして勝とう」とする国への対抗戦略』（五月書房、二〇二三年）。

カーランツィック，ジョシュア（前田俊一訳）『中国の情報侵略―世界化する監視社会体制』（東洋経済新報社、二〇二三年）。

ガレオティ，マーク（杉田真訳）『武器化する世界』（原書房、二〇二二年）。

ガレオッティ，マーク（竹内規矩夫訳）『プーチンの戦争―チェチェンからウクライナへ』（ホビージャパン、二〇二三年）。

川上高司監修／樋口敬祐・上田篤盛・志田淳二郎『インテリジェンス用語事典』（並木書房、二〇二二年）。

小泉悠「「帝国」ロシアの地政学―「勢力圏」で読むユーラシア戦略』（東京堂出版、二〇一九年）。

小泉悠『現代ロシアの軍事戦略』（ちくま新書、二〇二一年）。

小泉悠『ウクライナ戦争』（ちくま新書、二〇二二年）。

高坂正堯『海洋国家日本の構想』（中公クラシックス、二〇〇八年）。

小林周・志田淳二郎・中村長史「Unasked World—加速する権威主義と自由主義の分断？」日下部尚徳・本多倫彬・小林周・高橋亜友子『アジアからみるコロナと世界—我々は分断されたのか』（毎日新聞出版、二〇二二年）二九—六九頁。

小松一郎『実践国際法〔第三版〕』（信山社、二〇二二年）。

佐藤優『よみがえる戦略的思考—ウクライナ戦争で見る「動的体系」』（朝日新書、二〇二二年）。

佐藤優・鈴木宗男『最後の停戦論—ウクライナとロシアを躍らせた黒幕の正体』（徳間書店、二〇二三年）。

佐藤優・副島隆彦『欧米の謀略を打ち破りよみがえるロシア帝国』（ビジネス社、二〇二二年）。

佐藤優・副島隆彦『「知の巨人」が暴く世界の常識はウソばかり』（ビジネス社、二〇二二年）。

佐藤優・手嶋龍一『ウクライナ戦争の嘘—米露中北の打算・野望・本音』（中公新書ラクレ、二〇二三年）。

笹川平和財団新領域研究会編『新領域安全保障—サイバー・宇宙・無人兵器をめぐる法的課題』（ウェッジ、二〇二四年）。

志田淳二郎『米国の冷戦終結外交—ジョージ・H・W・ブッシュ政権とドイツ統一』（有信堂、二〇二〇年）。

志田淳二郎『ハイブリッド戦争の時代』（並木書房、二〇二一年）。

志田淳二郎「中国が仕掛けるハイブリッド戦」『月刊正論』七月号（二〇二一年六月）七四—八一頁。

志田淳二郎「冷戦後のNATO東方拡大研究序説—国際関係理論から米国外交史研究へ」『法学新報』第一二八巻、第九号（二〇二二年三月）二一五—二三八頁。

志田淳二郎「アフター・コロナの西欧政治と国際関係」川上高司・石井貫太郎編『パンデミック対応の国際比較』（東信堂、二〇二二年）九三—一〇六頁。

志田淳二郎「宇宙安全保障と国際政治」藤巻裕之編『グローバルシフトと新たな戦争の領域—精密兵器と競争のフロンティアが国際政治に及ぼす変動と変容』（東海教育研究所、二〇二二年）二〇二—二二二頁。

志田淳二郎「ウクライナ危機と世界—アメリカの視点から」立命館大学国際地域研究所重点プロジェクトCAPS『（開催報告）緊急ウェビナー「ウクライナ危機と世界—戦争・平和・勢力圏・民主主義」』（二〇二二年三月三日）一七—二二頁。

志田淳二郎「日本の『核共有』—三つの選択肢」『月刊正論』五月号（二〇二二年四月）六七—七四頁。

志田淳二郎「ハイブリッド戦争とは何か（1）米欧における概念の発展」『治安フォーラム』第二九巻、第五号（二〇二三年四月）四九―五七頁。

志田淳二郎「ハイブリッド戦争とは何か（2）ロシアによる独自解釈」『治安フォーラム』第二九巻、第六号（二〇二三年五月）四二―五〇頁。

志田淳二郎「ハイブリッド戦争とは何か（3）ロシアがしかける情報戦―アメリカの事例」『治安フォーラム』第二九巻、第七号（二〇二三年六月）五九―六七頁。

志田淳二郎「ハイブリッド戦争とは何か（4）ロシアがしかける情報戦―中東欧の事例」『治安フォーラム』第二九巻、第九号（二〇二三年八月）五九―六七頁。

志田淳二郎「ハイブリッド戦争とは何か（5）中華人民共和国が及ぼすハイブリッド脅威」『治安フォーラム』第二九巻、第一〇号（二〇二三年九月）四一―四九頁。

志田淳二郎「ロシアが仕掛ける日本への影響工作」『月刊正論』一一月号（二〇二三年一〇月）一三八―一四五頁。

志田淳二郎「ハイブリッド戦争とは何か（6）中華人民共和国のハイブリッド戦争遂行能力」『治安フォーラム』第三〇巻、第一号（二〇二四年一月）五九―六七頁。

志田淳二郎「ハイブリッド戦争とは何か（7）日本の外交・安全保障政策への示唆」『治安フォーラム』第三〇巻、第二号（二〇二四年二月）四九―五七頁。

篠田英朗『戦争の地政学』（講談社現代新書、二〇二三年）。

ジャスパー，スコット（川村幸城訳）『ロシア・サイバー侵略―その傾向と対策』（作品社、二〇二三年）。

荊元宙・五十嵐隆幸「中国が目指す非接触型『情報化戦争』―物理領域・サイバー領域・認知領域を横断した『戦わずして勝つ』戦い」『安全保障戦略研究』第四巻、第一号（二〇二三年一二月）二一―四一頁。

スキアット，ジム（小金輝彦訳）『シャドウ・ウォー―中国・ロシアのハイブリッド戦争最前線』（原書房、二〇二〇年）。

杉浦康之『中国安全保障レポート２０２２―統合作戦能力の深化を目指す中国人民解放軍』（防衛研究所、二〇二二年）。

鈴木啓之「ハマース憲章全訳―パレスチナ抵抗運動の一側面へのアプローチ」『アジア・アフリカ言語文化研究』第八二号（二

〇一一年九月）、六一―九三頁。

スナイダー，ティモシー（池田年穂訳）『自由なき世界―フェイクデモクラシーと新しいファシズム（上）』（慶應義塾大学出版会、二〇二〇年）。

スナイダー，ティモシー（池田年穂訳）『自由なき世界―フェイクデモクラシーと新たなファシズム（下）』（慶応義塾大学出版会、二〇二〇年）。

スローン，エリノア（奥山真司・平山茂敏訳）『現代の軍事戦略入門〔増補版〕―陸海空からＰＫＯ、サイバー、核、宇宙まで』（芙蓉書房出版、二〇一九年）。

副島隆彦『ディープ・ステイトとの血みどろの戦いを勝ち抜く中国』（ビジネス社、二〇二一年）。

副島隆彦『習近平独裁は欧米白人を本気で打ち倒す』（ビジネス社、二〇二二年）。

副島隆彦監修／西森マリー『世界人類の９９・９９％を支配するカバールの正体』（秀和システム、二〇二一年）。

副島隆彦・孫崎享『世界が破壊される前に日本に何ができるか』（徳間書店、二〇二三年）。

高岡豊・溝渕正季訳『ヒズブッラー―抵抗と革命の思想』（現代思潮新社、二〇一五年）。

谷口智彦『誰も書かなかった安倍晋三』（飛鳥新社、二〇二〇年）。

谷口智彦『安倍総理のスピーチ』（文春新書、二〇二二年）。

鶴岡路人『欧州戦争としてのウクライナ侵攻』（新潮選書、二〇二三年）。

トッド，エマニュエル／池上彰『問題はロシアより、むしろアメリカだ―第三次世界大戦に突入した世界』（朝日新書、二〇二三年）。

ナイ，ジョセフ・Ｓ（山岡洋一訳）『ソフト・パワー―21世紀国際政治を制する見えざる力』（日本経済新聞出版社、二〇〇四年）。

西崎文子『アメリカ外交史』（東京大学出版会、二〇二二年）。

バゲ，ダニエル・Ｐ（鬼塚隆志監修／木村初夫訳）『マスキロフカ―進化するロシアの情報戦！サイバー偽装工作の具体的方法について』（五月書房、二〇二一年）。

樋口譲次『中国軍、その本当の実力は―中国軍は台湾を着上陸侵攻できるのか』（国書刊行会、二〇二三年）。

廣瀬陽子『ハイブリッド戦争―ロシアの新しい国家戦略』（講談社現代新書、二〇二一年）。

福島康仁「宇宙戦の諸相と現段階」日本軍縮学会編『軍縮・不拡散の諸相』（信山社、二〇一九年）四四三―四五九頁。

ヘイトン，ビル（小谷まさ代訳）『「中国」という捏造―歴史・民族・領土・領海はいかにして創り上げられたか』（草思社、二〇二三年）。

龐宏亮（安田淳監訳）『智能化戦争―中国軍人が観る「人に優しい」新たな戦争』（五月書房新社、二〇二一年）。

保坂三四郎「ロシアが展開する目に見えないハイブリッド戦争」『中央公論』第一三二巻、第七号（二〇一八年七月）四六―五七頁。

保坂三四郎『諜報国家ロシア―ソ連KGBからプーチンのFSB体制まで』（中公新書、二〇二三年）。

マクマスター，H・R（村井浩紀訳）『戦場としての世界―自由世界を守るための闘い』（日本経済新聞出版社、二〇二一年）。

孫崎享『不愉快な現実―中国の大国化、米国の戦略転換』（講談社現代新書、二〇一二年）。

孫崎享『平和を創る道の探求―ウクライナ危機の「糾弾」「制裁」を超えて』（かもがわ出版、二〇二二年）。

益尾千佐子「2023年中ロ共同声明と世界の分断」『米中関係を超えて―自由で開かれた地域秩序構築の『機軸国家日本』のインド太平洋戦略』（日本国際問題研究所、二〇二三年）九・一―九・八頁。

町田穂高「中国の『人類運命共同体』構想にどう向き合うか」『アジア・パシフィック・イニシアティブ（API）地経学ブリーフィング』（二〇二三年五月二九日）。

松村五郎「ハイブリッド脅威の行使をどう抑止するか」『安全保障を考える』第七九二号（二〇二一年五月）一―一九頁。

松村五郎「ハイブリッド戦争の本質的メカニズム―軍事・非軍事の諸手段を最終目的に結びつける『認知レベルでの戦い』」『NPI Research Note』（二〇二三年一〇月一一日）一―一七頁。

馬渕睦夫『ウクライナ戦争の欺瞞―戦後民主主義の正体』（徳間書店、二〇二三年）。

馬渕睦夫『ディープステート―世界を操るのは誰か』（WAC、二〇二三年）。

馬渕睦夫『馬渕睦夫が読み解く2024年世界の真実』（WAC、二〇二三年）。

宮脇淳子『教科書で教えたい真実の中国近現代史』（柏艪舎、二〇一六年）。

村田晃嗣・君塚直隆・石川卓・栗栖薫子・秋山信将『国際政治学をつかむ〔第3版〕』（有斐閣、二〇二三年）。

山口信治・八塚正晃・門間理良『中国安全保障レポート2023―認知領域とグレーゾーン事態の掌握を目指す中国』（防衛研

究所、二〇二三年）。

八塚正晃「中国はウクライナ戦争から何を学んでいるか—ハイブリッド戦争という側面に着目して」『ＮＩＤＳコメンタリー』第三〇〇号（二〇二四年二月二〇日）一—八頁。

山本勝也「中国の脅威に晒される台湾の『防衛白書』—ウクライナ戦争の影響と強調される国際社会における台湾の価値」『笹川平和財団国際情報ネットワークＩＩＮＡ』（二〇二三年一〇月二〇日）笹川平和財団ホームページ。

吉川直人・野口和彦編『国際関係理論〔第２版〕』（勁草書房、二〇一五年）。

吉田智聡「イエメン・フーシー派の海上戦力とその発展—国家性の追求手段としての海上戦力」『海幹校戦略研究』第一三巻、第一号（二〇二三年六月）三九—五六頁。

ラリュエル，マルレーヌ（浜由樹子訳）『ファシズムとロシア』（東京堂出版、二〇二二年）。

リッド，トマス（松浦俊輔訳）『アクティブ・メジャーズ—情報戦争の百年秘史』（作品社、二〇二一年）。

劉明福（峯村健司監訳／加藤嘉一訳）『中国「軍事強国」への夢』（文春新書、二〇二三年）。

ワイナー，ティム（村上和久訳）『米露諜報秘録１９４５‐２０２０—冷戦からプーチンの謀略まで』（白水社、二〇二二年）。

渡部悦和・井上武・佐々木孝博『プーチンの「超限戦」—その全貌と失敗の本質』（ワニ・プラス、二〇二二年）。

中国語

马建光・李元斌「〝混合战争〟及其特点—俄罗斯学者视角的解析」『俄罗斯东欧中亚研究』（二〇二〇年第五期）二一—三六頁。

脚註

（1）ここで確認しておくが、日本の『国家安全保障戦略』（二〇二二年版）では、「ハイブリッド戦争」（hybrid war）ではなく、「ハイブリッド戦」（hybrid warfare）という用語が使用されている。厳密にいえば、戦闘行為（warfare）と戦争（war）は異なる意味を持つ。オックスフォード現代英語辞典によれば、warfareは「戦争を戦う行為」であり、とりわけ特定の兵器や方法を用いるものを指すのに対し、warは二つ以上の国家や団体が一定期間、相互に戦う状況を意味する。また、warfareにはある団体や会社、国家などの間で激しく競い合う行為、warには激しい競争が行われる状況という意味もある。

右記を踏まえれば日本の『国家安全保障戦略』（二〇二二年版）は「戦い方」や「競い合う行為」という点に注目し「ハイブリッド戦」の用語が用いられていることが分かるが、本書では、warとwarfareという用語について、このように意味するところが異なる点は抑えつつも、本文中では便宜的に「ハイブリッド戦争」という用語を用いることとする。ただし、直接引用の文章については、この限りではない。

本書第1章でも詳しく確認するが、NATOの『戦略概念』（二〇二二年版）ではそもそも「ハイブリッド戦争」（hybrid war）や「ハイブリッド戦」（hybrid warfare）という用語は用いられていない。だが、同戦略文書で数回登場する「ハイブリッド○○」という概念が、前著『ハイブリッド戦争の時代―狙われる民主主義』（二〇二一年）で提示し、本書でも説明するハイブリッド戦争の広義の概念と意味するところが一致している。

本文でも強調しているように、日本やNATOの戦略文書を読み解く際には、「ハイブリッド戦争」という用語への正確な理解が必要不可欠である。戦闘行為（warfare）と戦争（war）についての区別については、宇宙安全保障の専門家である防衛研究所の福島康仁主任研究官による「宇宙戦」と「宇宙戦争」の区別を参考にした。福島康仁「宇宙戦の諸相と現段階」日本軍縮学会編『軍縮・不拡散の諸相』（信山社、二〇一九年）四四四―四四五頁。

(2)『国家安全保障戦略』（令和四年一二月）二一頁。

(3)『国家防衛戦略』（令和四年一二月）五頁、七—八頁、一六頁、二〇頁。

(4)『国家安全保障戦略』（令和四年一二月）三頁。

(5)『国家防衛戦略』（令和四年一二月）七—一七頁。これらのアプローチは前著一七〇—一七五頁で筆者も提言している。

(6)前著の刊行後に得た研究だけでも例えば以下がある（引用注で使用したものを除く）。⑨の研究は、英国国防情報学校教官を務めたディビッド・マクファーランドによる書籍である。「英国国防情報学校教官」という権威ある肩書を持つマクファーランドであるが、マクファーランドはハイブリッド戦争に該当する事例として、第二次大戦以前のナチ・ドイツのチェコスロバキア併合（一九三八～三九年）やソ連のチェコスロバキア侵攻（一九六八年）、冷戦後のＮＡＴＯ軍によるセルビア空爆（一九九九年）やリビア空爆（二〇一一年）などを紹介するなど、前著や本書で詳しく説明するハイブリッド戦争の先行研究を無視しながら同概念を過度に拡張させ議論している点には注意が必要である。

① John Jacobs, "Hybrid Warfare after the Brussels Summit", *AtlantischPerspectief*, Vol.42, No.4, 2018, pp.23-27.

② Jack Brown, "An Alternative War: the Development, Impact, and Legality of Hybrid Warfare Conducted by the Nation State", *Journal of Global Faultlines*, Vol.5, No.1-2, 2018, pp.59-82.

③ CholponAbdyraeva, "The Use of Cyberspace in the Context of Hybrid Warfare: Means, Challenges and Trends", *OIIP Working Paper*, No.107, (June 2020), pp.1-36.

④ Karti Pynnöniemi& Minna Jokela, "Perceptions of Hybrid War in Russia: Means, Targets and Objectives Identified in the Russian Debate", *Cambridge Review of International Affairs*, Vol.33, No.6, 2020, pp.828-845.

⑤ Amos C. Fox, "Russian Hybrid Warfare: A Framework", *Journal of Military Studies*, Vol.10, No.1, 2021, pp.60-72.

⑥ Marc Ozawa, "Adapting NATO to Grey Zone Challenges from Russia", *NATO 2030: New Technologies, New Conflicts, New Partnerships* (NATO Defense College, 2021), pp.19-31.

⑦ IlmariKäihkö, "The Evolution of Hybrid Warfare: Implications for Strategy and the Military Profession", *The US Army War College Quarterly*, Vol.51, No.3, (Autumn 2021), pp.115-127.

⑧ Mikael Weissmann, Niklas Nilsson, Björn Palmertz& Per Thunholm (eds.) *Hybrid Warfare: Security and Asymmetric Conflict in International Relations* (London: I.B. Tauris, 2021).

⑨ David McFarland, *Understanding Hybrid Warfare: Navigating the Smoke and Mirrors of International Security* (Independently Published, 2021).

⑩ Chiara Libiseller, "'Hybrid Warfare' as an Academic Fashion", *Journal of Strategic Studies*, Vol.46, No.4, 2023, pp.1-23.

⑪ Andrew Mumford & Pascal Carlucci, "Hybrid Warfare: the Continuation of Ambiguity by Other Means", *European Journal of International Security*, Vol.8, No.2, (May 2023), pp.192-206.

筆者によるハイブリッド戦争の代表的な先行研究である廣瀬陽子『ハイブリッド戦争―ロシアの新しい国家戦略』（講談社現代新書、二〇二一年）に対する見解は前著を参照されたい。筆者の学説と廣瀬説の整理については、以下を参照。松村五郎「ハイブリッド戦争の本質的メカニズム―軍事・非軍事の諸手段を最終目的に結びつける『認知レベルでの戦い』」『NPI Research Note』（二〇二三年一〇月一一日）、一―一七頁。

筆者が前著で示したハイブリッド戦争概念がどのように発展したかを、前著と同じように、二〇〇〇年代の米欧における戦略思想・軍事思想から辿って解説したものとして、以下がある。スコット・ジャスパー（川村幸城訳）『ロシア・サイバー侵略―その傾向と対策』（作品社、二〇二三年）。ジャスパーは米海軍大学院国家安全保障学部上級講師で米国におけるサイバー戦争研究の第一人者でもある。

(7) 大澤淳「新領域における戦い方の将来像―ロシア・ウクライナ戦争から見るハイブリッド戦争の新局面」高橋杉雄編『ウクライナ戦争はなぜ終わらないのか―デジタル時代の総力戦』（文春新書、二〇二三年）一四五―一八〇頁。大澤淳「台湾有事とハイブリッド戦争」『国際情報ネットワーク分析IINA』（二〇二一年八月二四日）笹川平和財団ホームページ。

大澤は最新の研究書籍、笹川平和財団新領域研究会編『新領域安全保障―サイバー・宇宙・無人兵器をめぐる法的課題』（ウェッジ、二〇二四年）の中でも同様の主張をしている。また同書の中で大澤はハイブリッド戦争の概念を解説する章を担当しているが、興味深いことに、先行研究に該当するにも関わらず、筆者による研究成果物が一つも参照・引用されていない。前著で別の論者に対する指摘でも言及したように、日本の研究コミュニティーの中でこうした現象はしばしば発生する傾向にある。

（8）MykhayloZabrodskyi, Jack Watling, Oleksandr V. Danylyuk and Nick Reynolds, "Preliminary Lessons in Conventional Warfighting from Russia's Invasion of Ukraine: February-July 2022", *Royal United Services Institute for Defense and Security Studies,* (November 30, 2022). Jack Watling, Oleksandr V. Danylyuk and Nick Reynolds, "Preliminary Lessons from Russia's Unconventional Operations during the Russo-Ukrainian War, February 2022-February 2023", *Royal United Services Institute for Defense and Security Studies,* (March 29, 2023).

（9）Weilong Kong and Tim Marler, "Ukraine's Lessons for the Future of Hybrid Warfare", *National Interest,* (November 25, 2023).

（10）Arsalan Bilal, "Hybrid Warfare: New Threats, Complexity, and 'Trust' as the Antidote", *NATO Review,* (November 30, 2021).

（11）「防衛大臣記者会見　日時：令和4年2月25日（金）08：37~08：45　場所：国会議事堂本館内閣議室前　備考：岸防衛大臣閣議後会見」防衛省・自衛隊ホームページ。

（12）浅田正彦・玉田大編『ウクライナ戦争をめぐる国際法と国際政治経済』（東信堂、二〇二三年）二三五頁。

（13）岸信夫「令和4年版防衛白書の刊行に寄せて」『令和四年版防衛白書』（二〇二二年八月）。

（14）『令和五年版防衛白書』（二〇二三年九月）三三頁。『防衛白書』の中の「ハイブリッド戦」の解説は、『令和二年版防衛白書』（二〇二〇年八月）の書きぶりが基本的に踏襲されている。

（15）『国家安全保障戦略』（令和四年一二月）七頁。

（16）『国家防衛戦略』（令和四年一二月）八頁。

（17）『防衛力整備計画』（令和四年一二月）二五頁。

（18）エリノア・スローン（奥山真司・平山茂敏訳）『現代の軍事戦略入門〔増補版〕—陸海空からPKO、サイバー、核、宇宙まで』（芙蓉書房出版、二〇一九年）一八二—一八四頁。

（19）William J. Nemeth, *Future War and Chechnya: A Case for Hybrid Warfare* (Monterey: Naval Postgraduate School, 2002).

（20）James Mattis and Frank Hoffman, "Future Warfare: The Rise of Hybrid Wars", *U.S. Naval Institute Proceedings,* (November 2005). ホフマン・マティス論文の解釈については、以下を参考にした。小泉悠『現代ロシアの軍事戦略』（ちくま新書、二〇

二一年）六〇―六一頁。

（21）Frank Hoffman, *Conflict in the Twenty-First Century: The Rise of Hybrid Warfare* (Arlington: Potomac Institute for Policy Studies, 2007).

（22）Margaret Bond, *Hybrid War: A New Paradigm for Stability Operations in Failing States* (Carlisle Barracks: U.S. Army War College, 2007).

（23）インドのシンクタンクＩＤＳＡ（インド防衛問題研究所）所属の研究者が編纂した研究書として以下がある。Vikrant Deshpnade (ed.) *Hybrid Warfare: The Changing Character of Conflict* (New Delhi: Pentagon Press, 2018).

（24）ロシアがハイブリッド戦争の遂行アクターとして注目されがちであるが、イランに注目する先行研究も十分な蓄積がある。例えば、以下を参照。

①Amichai Magen, “Hybrid War and the Gulliverization of Israel”, *International Institute for Counter-Terrorism Working Paper,* (May 2012), pp.1-21.

②Hall Gardner, “Hybrid Warfare: Iranian and Russian Versions of “Little Green Men” and Contemporary Conflict”, *NATO Defense College Research Paper,* Vol.123, (December 2015), pp.1-16.

③Dave Dilegge, Alma Keshavarz, and Robert J. Bunker (eds.) *Iranian and Hezbollah Hybrid Warfare Activities: A Small Wars Journal Anthology* (Bloomington: iUniverse, 2016).

④Christian Kaunert and Ori Wertman, “The Securitisation of Hybrid Warfare through Practices within the Iran-Israel Conflict: Israel's Practices for Securitising Hezbollah's Proxy War”, *Security &Defence Quarterly,* Vol.31, (April, 2020), pp.99-114.

⑤Michael Eisenstadt, “Iran's Gray Zone Strategy: Cornerstones of its Asymmetric Way of War”, *PRISM,* Vol.9, No.2, 2021, pp.77-97.

⑥Arthur de Liedekerke and Maarten Toelen, “The Relevance of Clausewitzian Theory in Hybrid War: The Iranian-Saudi Rivalry”, *Hybrid CoE Working Paper,* No.15, (March 2022), pp.1-19.

③の文献は、代表的な英字オンライン学術誌『スモール・ウォーズ・ジャーナル』にこれまでに掲載されたイランのハイ

ブリッド戦争に関連する論考を一冊にまとめた書籍である。
(25) *Summary of the Irregular Warfare Annex to the National Defense Strategy*, 2020, p.2.
(26) *National Defense Strategy of the United States of America*, 2022, p.5.
(27) 西崎文子『アメリカ外交史』(東京大学出版会、二〇二二年)二一四—二一五頁。
(28) 飯山陽『中東問題再考』(扶桑社新書、二〇二二年)一三七—一四五頁。
(29) Eisenstadt, "Iran's Gray Zone Strategy", p.86.
(30) 飯山『中東問題再考』一四九—一五〇頁、一六八頁。
(31) Leslie F. Brown, *Twenty-First Century Warfare Will be Hybrid* (Carlisle Barracks: U.S. Army War College, 2011), p.1.
(32) 米統合戦力軍とは、かつて米軍に存在した特定の担当地域を持たない機能別統合軍の一つ。一九九九年、従来の米大西洋軍の改編により設置。その後の米国防総省の軍事費削減施策により二〇一一年に廃止。現在、米軍には地域別(北方軍、南方軍、中央軍、欧州軍、インド太平洋軍、アフリカ軍、宇宙軍)と機能別(戦略軍、特殊作戦軍、輸送軍、サイバー軍)の合計一一の統合軍がある。
(33) OferFridman, "A War of Definitions: Hybridity in Russia and the West"OferFridman, Vitaly Kabernik, and James C. Pearce (eds.) *Hybrid Conflict and Information Warfare: New Labels. Old Politics* (Lynne Rienner Publishers, 2019), pp.68-72.
(34) 脚注1を参照。
(35) こうした理解は当然、英国も共有している。例えば、ロシア・ウクライナ戦争の影響を受け、二〇二二年以降、スウェーデンとフィンランドのNATO加盟問題が話題となった。両国がNATOに加盟するまでの期間、英国が両国に安全を保証することが二〇二二年五月一一日に発表された。英国政府ホームページにその内容として「伝統的、ハイブリッド、そしてサイバー上の脅威に対処するため当事国〔スウェーデンとフィンランド〕は相互安全保証(mutual security assurances)を英国と署名した」と紹介されている。
(36) 小泉『現代ロシアの軍事戦略』七六—七八頁。
(37) Oscar Jonsson, *The Russian Understanding of War: Blurring the Lines between War and Peace* (Washington D.C.: George

town University Press, 2019), pp.46-48.

（３８）詳細は、以下を参照。志田淳二郎「宇宙安全保障と国際政治」藤巻裕之編『グローバルシフトと新たな戦争の領域―精密兵器と競争のフロンティアが国際政治に及ぼす変動と変容』（東海教育研究所、二〇二二年）二〇七―二〇八頁。

（３９）小泉『現代ロシアの軍事戦略』七八―八三頁。

（４０）志田「宇宙安全保障と国際政治」二〇六―二〇八頁。

（４１）Ofer Fridman, *Russian 'Hybrid Warfare': Resurgence and Politicization* (London: Hurst & Company, 2018), pp.75-80.

（４２）ゲラシモフ論文の英語訳として、以下を参照。Valery Gerasimov, "The Values of Science is in the Foresight: New Challenges Demand Rethinking the Forms and Methods of Carrying out Combat Operations", *Military Review*, (January-February, 2016), pp.23-29.

（４３）小泉『現代ロシアの軍事戦略』一二〇頁。

（４４）Ofer Fridman, "On the 'Gerasimov Doctrine'", *PRISM*, Vol.8, No.2, 2019, p.106.ボグダノフやチェキノフの議論については、以下を参照。Fridman, "A Way of Definitions", pp.73-75.Jonsson, *The Russian Understanding of War*, pp.43-93. 小泉悠『ウクライナ戦争』（ちくま新書、二〇二二年）二〇五―二一〇頁。

（４５）マーク・ガレオティ（杉田真訳）『武器化する世界』（原書房、二〇二二年）一七頁。

（４６）マーク・ガレオッティ（竹内規矩夫訳）『プーチンの戦争―チェチェンからウクライナへ』（ホビージャパン、二〇二三年）四七〇頁。

（４７）Fridman, *Russian 'Hybrid Warfare'*, pp.96-97, p.152.ティム・ワイナー（村上和久訳）『米露諜報秘録１９４-２０２０―冷戦からプーチンの謀略まで』（白水社、二〇二二年）二六―二九頁。

（４８）スローン『現代の軍事戦略入門』二九六―二九九頁。

（４９）川上高司監修／樋口敬祐・上田篤盛・志田淳二郎『インテリジェンス用語事典』（並木書房、二〇二二年）二二〇頁、二二四頁。

（５０）保坂三四郎『諜報国家ロシア―ソ連ＫＧＢからプーチンのＦＳＢ体制まで』（中公新書、二〇二三年）九九―一〇一頁。

（５１）例えば、以下を参照。Media Ajir and Bethany Vaillant, "Russian Information Warfare: Implications for Deterrence Theory", *Strategic Studies Quarterly*, Vol.12, No.3, (Fall, 2018), pp.70-89.

（52）「反射統制」の訳語は以下による。保坂三四郎「ロシアが展開する目に見えないハイブリッド戦争」『中央公論』第一三二巻、第七号（二〇一八年七月）四六―五七頁。

（53）ダニエル・P・バゲ（鬼塚隆志監修／木村初夫訳）『マスキロフカ―進化するロシアの情報戦！サイバー偽装工作の具体的方法について』（五月書房、二〇二一年）四五―五二頁。

（54）アンティ・ヴァサラ（鬼塚隆志監修／壁村正照・木村初夫訳）『ロシアの情報兵器としての反射統制の理論―現代のロシア軍事戦略の枠組みにおける原点、進化および適用』（五月書房、二〇二二年）一五九頁。

（55）バゲ『マスキロフカ』六五頁。

（56）保坂『諜報国家ロシア』一七一―一七三頁。

（57）渡部悦和・井上武・佐々木孝博『プーチンの「超限戦」―その全貌と失敗の本質』（ワニブックス、二〇二二年）一七四―一七五頁。

（58）Armin Krishnan, "Fifth Generation Warfare, Hybrid Warfare, and Gray Zone Conflict: A Comparison", *Journal of Strategic Security*, Vol.15, No.4, 2022, pp.16-18.

（59）保坂「ロシアが展開する目に見えないハイブリッド戦争」四八―四九頁。

（60）斎藤勉「ソ連崩壊30年に思う／クレムリンに翻る『赤旗』の幻影」日本記者クラブホームページ（二〇二一年一二月）。

（61）冷戦終結をめぐる学説の整理については、さしあたり以下を参照。志田淳二郎『米国の冷戦終結外交―ジョージ・H・W・ブッシュ政権とドイツ統一』（有信堂、二〇二〇年）。

（62）Robert English, Russia and the Idea of the West: Gorbachev, Intellectuals and the End of the Cold War(New York: Cambridge University Press, 2000).

（63）Daniel C. Thomas, *The Helsinki Effect: International Norms, Human Rights, and the Demise of Communism* (Princeton: Princeton University Press, 2001).

（64）Ilya Yablokov, *Fortress Russia: Conspiracy Theories in Post-Soviet Russia* (Cambridge: Polity, 2018), p.51.

（65）Yablokov, *Fortress Russia*, pp.14-22.

（66）「シオン賢者の議定書：時系列」『ホロコースト百科事典』米国ホロコースト記念博物館ホームページ。

（67）鈴木啓之「ハマース憲章全訳—パレスチナ抵抗運動の一側面へのアプローチ」『アジア・アフリカ言語文化研究』第八二号（二〇一一年九月）八八頁。

（68）ワイナー『米露諜報秘録1945-2020』二二一—二二二頁。

（69）樋口・上田・志田『インテリジェンス用語事典』九七頁。

（70）第二節の事例分析には、次の文献を主に参照した。ジム・スキアット（小金輝彦訳）『シャドウ・ウォー—中国・ロシアのハイブリッド戦争最前線』（原書房、二〇二〇年）。トマス・リッド（松浦俊輔訳）『アクティブ・メジャーズ—情報戦争の百年秘史』（作品社、二〇二一年）。ボブ・ウッドワード／ロバート・コスタ（伏見威蕃訳）『ＰＥＲＩＬ危機』（日本経済新聞出版、二〇二一年）。本文中のセリフについては、全て典拠がある。

（71）ティモシー・スナイダー（池田年穂訳）『自由なき世界—フェイクデモクラシーと新しいファシズム（上）』（慶應義塾大学出版会、二〇二〇年）一七七頁。ティモシー・スナイダー（池田年穂訳）『自由なき世界—フェイクデモクラシーと新たなファシズム（下）』（慶応義塾大学出版会、二〇二〇年）一一〇—一一一頁。

（72）先行研究として以下がある。Sanshiro Hosaka, "Ukraine's Agency in Japanese Discourse: Everything Ok with Government and People, While Academia in Trouble", *Journal of Regional Security*, No.18, (January 2023), pp.41-50.

（73）Alex Joska, *Spies and Lies: How China's Greatest Covert Operations Fooled the World* (Richmond: Hardie Grant Books, 2022).

（74）保坂『諜報国家ロシア』一五三頁、二四七頁。

（75）杉浦康之『中国安全保障レポート２０２２—統合作戦能力の深化を目指す中国人民解放軍』（防衛研究所、二〇二一年）三〇—三八頁。

（76）樋口譲次『中国軍、その本当の実力は—中国軍は台湾を着上陸侵攻できるのか』（国書刊行会、二〇二三年）一二一頁。

（77）浅野亮・土屋貴裕『習近平の軍事戦略—「強軍の夢」は実現するか』（芙蓉書房出版、二〇二三年）一四—一五頁。

（78）荊元宙・五十嵐隆幸「中国が目指す非接触型『情報化戦争』—物理領域・サイバー領域・認知領域を横断した『戦わずして勝つ』戦い」『安全保障戦略研究』第四巻、第一号（二〇二三年一二月）三二一—三三三頁。

（７９）浅野・土屋『習近平の軍事戦略』八〇―八七頁。

（８０）先行研究として以下がある。Jukka Aukia, "China as a Hybrid Influencer: Non-state Actors as State Proxies", Hybrid CoE *Research Report*, No.1, (June 2021), pp.1-31.

（８１）山口信治・八塚正晃・門間理良『中国安全保障レポート２０２３―認知領域とグレーゾーン事態の掌握を目指す中国』（防衛研究所、二〇二三年）一九―二三頁、五一―五七頁。

（８２）浅野・土屋『習近平の軍事戦略』二〇三頁。

（８３）山口・八塚・門間『中国安全保障レポート２０２３』一八―一九頁、三九頁。

（８４）樋口・上田・志田『インテリジェンス用語事典』一三―一四頁。

（８５）樋口『中国軍、その本当の実力は』一〇七―一〇八頁。

（８６）ケリー・K・ガーシャネック（鬼塚隆志監修／壁村正照訳）『中国の政治戦―「戦わずして勝とう」とする国への対抗戦略』（五月書房、二〇二三年）二一―二三頁。

（８７）荊・五十嵐「中国が目指す非接触型『情報化戦争』」三一頁。

（８８）山口・八塚・門間『中国安全保障レポート２０２３』三〇頁。

（８９）他の先行研究として以下がある。John Fitzgerald, "Combating Beijing's Sharp Power: How Australia's Civil Society Led the Way", *Journal of Democracy*, Vol.33, No.3, (July 2022), pp.130-143. Martin Hála, "Combating Beijing's Sharp Power: Transparency Wins in Europe", *Journal of Democracy*, Vol.33, No.3, (July 2022), pp.158-171.

（９０）Matt Schrader, "Chinese Assistance Centers' Grow United Front Work Department Global Presence", *Jamestown Foundation* (January 5, 2019).

（９１）劉明福（峯村健司監訳／加藤嘉一訳）『中国「軍事強国」への夢』（文春新書、二〇二三年）一四七―一四八頁。

（９２）代表的な研究に以下がある。Christopher Walker, "What is 'Sharp Power'?", *Journal of Democracy*, Vol.29, No.3, (July 2018), pp.9-23.

（９３）ジョセフ・S・ナイ（山岡洋一訳）『ソフト・パワー―２１世紀国際政治を制する見えざる力』（日本経済新聞出版社、二〇〇四年）二六―三〇頁。

(94) ジョシュア・カーランツィック（前田俊一訳）『中国の情報侵略―世界化する監視社会体制』（東洋経済新報社、二〇二三年）三二一―三二三頁。

(95) *National Defense Strategy of the United States of America*, 2022, p.8.

(96)『国家安全保障戦略』（令和四年一二月）三頁。

(97)『国家防衛戦略』（令和四年一二月）二頁。

(98) こうした論考に以下がある。町田穂高「中国の『人類運命共同体』構想にどう向き合うか」『アジア・パシフィック・イニシアティブ（API）地経学ブリーフィング』（二〇二三年五月二九日）。

(99) これまでの首脳会議の開催は、ポーランド・ワルシャワ（一二年）、ルーマニア・ブカレスト（一三年）、セルビア・ベオグラード（一四年）、中華人民共和国・蘇州（一五年）、ラトビア・リガ（一六年）、ハンガリー・ブダペスト（一七年）、ブルガリア・ソフィア（一八年）、クロアチア・ドブロブニク（一九年）だった。二〇二〇年は北京で対面開催の予定だったが、新型コロナウイルスのパンデミックにより延期され、二〇二一年のオンライン開催となり、二二年以降の首脳会談は開催されていない。関係諸国の対中警戒感の高まりが一つの原因と考えられる。

(100) 小林周・志田淳二郎・中村長史「Unasked World―加速する権威主義と自由主義の分断?」日下部尚徳・本多倫彬・小林周・髙橋亜友子『アジアからみるコロナと世界―我々は分断されたのか』（毎日新聞出版、二〇二二年）二九―六九頁。

(101) *NATO 2030: United for a New Era*, p.27.

(102) *National Threat Assessment 2023* (Vilnius, 2023).

(103) Andris Spruds, Una Aleksandra Berzina-Cerenkova, and Sintija Broka, *Hybrid Threats in Baltics and Taiwan: Commonalities, Risks and Lessons for Small Democracies* (Latvian Institute of International Affairs, 2022).

(104) イアン・イーストン（信田智人訳）『習近平の覇権戦略―中国共産党がめざす「人類運命共同体」計画』（PHP、二〇二三年）七二―七九頁、九一―九五頁、一〇四―一〇五頁。

(105) 岡田英弘『中国文明の歴史』（講談社現代新書、二〇〇四年）一五―一七頁。

(106) ビル・ヘイトン（小谷まさ代訳）『「中国」という捏造―歴史・民族・領土・領海はいかにして創り上げられたか』

（草思社、二〇二三年）二四―三一頁。
（107）岡田英弘『歴史とはなにか』（文春新書、二〇〇一年）一八八頁。宮脇淳子『教科書で教えたい真実の中国近現代史』（柏艪舎、二〇一六年）三二頁。
（108）岡本隆司『中国の論理―歴史から解き明かす』（中公新書、二〇一六年）三八―三九頁。
（109）岡本隆司『近代中国史』（ちくま新書、二〇一三年）六六－六七頁。
（110）ヘイトン『「中国」という捏造』四六―五〇頁、五四―五五頁、二一三頁、二七七頁。
（111）Arie Egozi, "Israeli Multi Domain War Gets First Test in Gaza", *Breaking Defense*, (May 17, 2021).
（112）「ヨルダン基地への無人機攻撃、断固対応　米政府『イランとの戦争は望まず』」『AFPBB News』（二〇二四年一月三〇日）。
（113）吉田智聡「イエメン・フーシー派の海上戦力とその発展―国家性の追求手段としての海上戦力」『海幹校戦略研究』第一三巻、第一号（二〇二三年六月）四四―四八頁。
（114）「アメリカも警戒する『抵抗の枢軸』とは？中東揺るがす存在？」『NHK国際ニュースナビ』（二〇二三年一一月二〇日）。
（115）「仏軍艦、紅海でイエメンからのドローン2機迎撃」『AFPBB News』（二〇二三年一二月一一日）。
（116）『中東情勢ウォッチ』（二〇二三年一二月一三日）。
（117）「紅海で活動中の米軍、イエメンからの無人機14機を撃墜…フーシが商戦への攻撃繰り返す」『讀賣新聞オンライン』（二〇二三年一二月一七日）。
（118）サラ・ドーン「『抵抗の枢軸』の一翼、紅海で暴れまわるフーシ派とは何者か」『Forbes Japan』（二〇二三年一二月一〇日）。
（119）「イスラエル軍ヒズボラとの戦闘など多方面に対応し続ける考え」NHK WEB（二〇二三年一二月二七日）。
（120）『朝日新聞GLOBE』（二〇二一年一二月一七日付）。
（121）OndrejFilipec, "Multilevel Analysis of the 2021 Poland-Belarus Border Crisis in the Context of Hybrid Threats", *Central*

European Journal of Politics, Vol.8, No.1, (April 2021), pp.1-18. Piotr Lubinski, "Hybrid Warfare or Hybrid Threats: The Weaponization of Migration as an Example of the Use of Lawfare- Case Study of Poland", *Polish Political Science Yearbook,* Vol.51, 2022, pp.43-55.

（122）NATO MNC NE, "J9 Analysis Element: Hybrid Threats Perception in MNC NE AOO", (October 5, 2021).

（123）Samantha de Bendern, "Belarus is New Weapon in Putin's Hybrid Warfare Arsenal", *Chatham House Expert Comment,* (August 18, 2021).

（124）YuriiPunda, VitaliiShevchuk, ViljarVeebel, "Is the European Migrant Crisis Another Stage of Hybrid War?" *Estonian Journal of Military Studies,* Vol.13, 2019, pp.116-136.

（125）"Wagner's Presence in Belarus Raises Hybrid Warfare Threat: Latvian President in Vilnius", *The Baltic Times* (July 19, 2023).

（126）Federico Capurso, "Russian 'Hybrid War'? Italy Says Wagner Group Is Using Migrant Trafficking To Divide the West", World Crunch, (March 15, 2023).

（127）六辻彰二「イタリアで緊急事態宣言―『史上最大の難民危機』の原因、影響、有利な者」『ヤフー・ニュース』（二〇二三年四月二〇日）。八十田博人「イタリア『移民急増』で緊急事態宣言―「メローニ首相」のジレンマ」『Foresight』（二〇二三年五月二日）。

（128）「ワグネル、不法移民を西側への反撃手段に　イタリア」『AFPBBNews』（二〇二三年三月一四日）。

（129）「右派メローニ首相『イタリアを欧州の難民キャンプにはさせない』」『REUTERS』（二〇二三年九月二一日）。

（130）「フィンランド、ロシアの『ハイブリッド攻撃』避難　検問所ほぼすべて閉鎖」『REUTERS』（二〇二三年一一月二五日）。「フィンランド、ロシアとの国境を2週間全面閉鎖へ　難民流入阻止で」『REUTERS』（二〇二三年一一月二九日）。

（131）「EU、フィンランド・ロシア国境に警備隊配置」『AFPBBNews』（二〇二三年一一月八日）。

（132）「フィンランド、ロシア国境閉鎖を延長　亡命者流入急増で」『REUTERS』（二〇二四年一月一一日）。

（133）George Scutaru, Marcu Solomon, EcaterinaDadiverina, and Diana Baroian, *Russia's Hybrid War in the Republic of Mol. dova*

New Strategy Center, Bucharest, 2023).NathalieTocci, "Putin's threat hangs over tiny Moldova, but its people filled me with hope", *The Guardian*, (May 24, 2023).

（１３４）益尾千佐子「２０２３年中ロ共同声明と世界の分断」『米中関係を超えて—自由で開かれた地域秩序構築の『機軸国家日本』のインド太平洋戦略』（日本国際問題研究所、二〇二三年）九 - 一—九 - 二頁。

（１３５）山本勝也「『中国ミサイル、日本のＥＥＺ落下』が示す日本の盲点—思い描いている価値観とかなりギャップがある」『東洋経済Online』（二〇二二年八月一〇日）。荊・五十嵐「中国が目指す非接触型『情報化戦争』」三七—三九頁。

（１３６）山本勝也「中国の脅威に晒される台湾の『防衛白書』—ウクライナ戦争の影響と強調される国際社会における台湾の価値」『笹川平和財団国際情報ネットワークＩＩＮＡ』（二〇二三年一〇月二〇日）笹川平和財団ホームページ。

（１３７）「市民の８割が"フェイクニュース"などに接触か…中国が仕掛ける『認知戦』どう対抗？台湾総統選まで約１か月」『TBS NEWS DIG Powered by JNN』（二〇二三年一二月九日）。

（１３８）国際政治学の主要理論として本書でも紹介するリアリズム、リベラリズム、コンストラクティビズムの三理論に注目するものとして、以下を参照。Stephen M. Walt, "International Relations: One World, Many Theories", *Foreign Policy*, No.10, 1998, pp.29-46.

本書は国際政治学の理論の解説書ではないため、主要三理論の紹介は最小限にとどめた。国際政治学理論についての解説書として、例えば、以下が参考になる。村田晃嗣・君塚直隆・石川卓・栗栖薫子・秋山信将『国際政治学をつかむ〔第３版〕』（有斐閣、二〇二三年）。吉川直人・野口和彦編『国際関係理論〔第２版〕』（勁草書房、二〇一五年）。岡垣知子『国際政治の基礎理論』（青山社、二〇二一年）。

（１３９）Joseph S. Nye, Jr. & Robert Keohane, "Transnational Relations and World Politics: An Introduction", *International Organization*, Vol.25, No.3, (Summer 1971), pp.329-349.

（１４０）Samuel P. Huntington, "Transnational Organizations in World Politics", *World Politics*, Vol.25, No.3, (April 1973), pp.333-368.

（１４１）冷戦終結に前後して国際政治学理論が発展した歴史の概略については、さしあたり以下を参照。志田『米国の冷戦終結外交』序章。

（142）John J. Mearsheimer, "The Causes and Consequences of the Ukraine War: A Lecture by John J. Mearsheimer", *You Tube*, (June 16, 2022).Stephen M. Walt, "Russia's Defeat Would Be America's Problem: Victory in Ukraine could easily mean hubris in Washington", *Foreign Policy*, (September 27, 2022).

（143）マルレーヌ・ラリュエル（浜由樹子訳）『ファシズムとロシア』（東京堂出版、二〇二二年）二一六頁。

（144）大竹弘二「ロシア、ドイツ、ユーラシア理念—今日のヨーロッパ右翼における反リベラルな地政学について」『アカデミア人文・自然科学編』第二五号（二〇二三年一月）一六一—一六二頁。

（145）スナイダー『自由なき世界（上）』二二九—二三〇頁。

（146）Yablokov, *Fortress Russia*, pp.32-37.

（147）「地政学」という同じ用語を使用しているとしても、米英地政学とドイツ地政学の間には、想定している世界観が根本的に異なる点を指摘したものとして以下がある。篠田英朗『戦争の地政学』（講談社現代新書、二〇二三年）。

（148）「オウンゴール説」を提唱するものとして、以下がある。鶴岡路人『欧州戦争としてのウクライナ侵攻』（新潮選書、二〇二三年）。

（149）小泉悠『「帝国」ロシアの地政学—「勢力圏」で読むユーラシア戦略』（東京堂出版、二〇一九年）五八—六〇頁。

（150）篠田『戦争の地政学』四八—四九頁、一〇八—一一一頁。

（151）こうした世界観は、かつてハンチントンが主著『文明の衝突』で提唱した議論と酷似していることも興味深い。ハンチントンも、仮説として、冷戦後の国際システムが八つの文明圏に分かれていくことを展望し、他の文明圏に属する中核国が別の文明圏に干渉してはならないとした。この点については、以下を参照。志田『ハイブリッド戦争の時代』二五—二七頁。

（152）国際政治学理論の課題を指摘したものとして例えば、以下がある。志田淳二郎「冷戦後のNATO東方拡大研究序説—国際関係理論から米国外交史研究へ」『法学新報』第一二八巻第九号（二〇二二年三月）二一五—二三八頁。

トランプ政権の大統領補佐官（国家安全保障問題担当）を経てハドソン研究所日本部長諮問委員会メンバーでもある米陸軍出身のH・R・マクマスター将軍も自著『戦場としての世界—自由世界を守るための闘い』（日本経済新聞出版、二〇二一年）の中で次のように指摘し、米国をはじめとする自由主義の国々は、戦争や戦争未満の競争の場面で効果的にライバルに対抗していくために必要な戦略的競争力の一つとして高等教育を挙げている。

理論重視の結果、学びの場では歴史的な出来事の間の因果関係は隠されてしまい、事例の間に違いをもたらす文化的、心理的、社会的、そして経済的な要素は曖昧になっている。（…中略…）複雑な問題群を一定の枠組みに当てはめて簡素化してとらえる手法の奨励にも危うさがあり、学生たちに理解したかのように錯覚させる効果しか持たないだろう（四三五頁）。

大学をはじめとする研究機関と定期的にコラボレーションすることで、新たな脅威に対処するための軍やインテリジェンス機関における教育の重要性を指摘したものに以下がある。Karl Umbrasas, "Forging a Counterhybrid Unit", *Interagency Journal*, Vol.9, No.4, 2018, pp.96-103.

（１５３）Yimou Lee, "Taiwan Intelligence Says China Leadership Discussed Election Interference-Sources", Reuters, (December 8, 2023).「中国、台湾総統選への介入『隠蔽』指示　月初、党要人らが会議」『産経新聞』（二〇二三年一二月一二日）。

（１５４）東南アジアの事例分析を基に、中華人民共和国がしかける情報戦がほとんど失敗に終わっていることを指摘した研究に、以下がある。カーランツィック『中国の情報侵略』。

（１５５）松村五郎「ハイブリッド脅威の行使をどう抑止するか」『安全保障を考える』第七九二号（二〇二一年五月）一七頁。

（１５６）『防衛力整備計画』（令和四年一二月）八頁、一一―一五頁、三四頁。

（１５７）青井千由紀『戦略的コミュニケーションと国際政治―新しい安全保障政策の論理』（日本経済新聞出版、二〇二二年）三頁。

（１５８）こうした研究の際には、谷口の執筆した書籍を紐解くのが参考になる。例えば、以下を参照。谷口智彦『誰も書かなかった安倍晋三』（飛鳥新社、二〇二〇年）。谷口智彦『安倍総理のスピーチ』（文春新書、二〇二一年）。

（１５９）"U.S. Signs Memorandum of Cooperation with Japan on Countering Foreign Information Manipulation", (December 6, 2023). U.S. Department of State Website.

（１６０）「小林外務報道官会見記録（令和5年12月6日（水曜日）15時45分　於：本省会見室）」外務省ホームページ。

（１６１）"US, South Korea Sign Pact to Counter Disinformation", *VOA* (November 30, 2023).

（162）"U.S.-North Macedonia Memorandum of Understanding to Create a Strategic Counter Disinformation Partnership", (May 9, 2023). "U.S. and Bulgaria to Collaborate on Combating Disinformation", (September 25, 2023). U.S. Department of State Website.

（163）ブルガリアがロシアのハイブリッド戦争の脅威に脆弱であることを指摘したものとして、以下を参照。Stefan Hadjitodorov and Martin Sokolov, "Blending New-generation Warfare and Soft Power: Hybrid Dimensions of Russia-Bulgaria Relations", *Connections*, Vol.17, No.1, 2018, pp.5-20. BoyanHadzhiev, "Enablers of Hybrid Warfare: the Bulgarian Case", *Journal of International Studies*, Vol.13, No.1, 2020, pp.28-43.

（164）Global Engagement Center, "Special Report: How the People's Republic of China Seeks to Reshape the Global Information Environment", (September 28, 2023).「増幅モデル」というのは筆者の造語である。

（165）「知られざるテロ情報機関」『ＮＨＫ政治マガジン』（二〇一八年一一月二一日）。

（166）*Security Strategy of the Czech Republic*, 2015, p.13.

（167）Jan Daniel and Jakub Eberle, "Hybrid Warriors: Transforming Czech Security through the 'Russian Hybrid Warfare' Assemblage", *Czech Sociological Review*, Vol.54, No.6, 2018, pp.917-921.Lyle J. Morris, Michael J. Mazarr, Jeffrey W. Hornung, Stephanie Pezard, Anika, Binnendijk, and Marta Kepe, *Gaining Competitive Advantage in the Gray Zone: Response Options for Coercive Aggression Below the Threshold of Major War* (Santa Monica: Rand Corporation, 2019), p.70.

（168）Miroslav Mareš, Josef Kraus, and Jakub Drmola, "Conceptualisation of Hybrid Interference in the Czech Republic: How to Make it a Practically Researchable Phenomenon?" *Politics in Central Europe*, Vol.18, No.3, 2022, p.348.

（169）*National Strategy for Countering Hybrid Interference* (Prague, 2021).

（170）北朝鮮の核ミサイルの脅威に対抗するために、「ワシントン宣言」では核搭載可能な米国の戦略原子力潜水艦を韓国に派遣することが明記された。これは「海洋国家型核共有」と呼べるものである。同概念の説明については以下を参照。志田淳二郎「日本の『核共有』―三つの選択肢」『月刊正論』五月号（二〇二二年四月）六七―七四頁。

（171）志田『ハイブリッド戦争の時代』一六三―一六五頁。岩沢雄司『国際法』（東京大学出版会、二〇二〇年）七〇七頁。

（172）小松一郎『実践国際法〔第三版〕』（信山社、二〇二二年）三五二―三五三頁。

（173）高坂正堯「現実主義者の平和論」『海洋国家日本の構想』（中公クラシックス、二〇〇八年）所収。原著論文は一九六三年刊行。

（174）高坂正堯「あとがき」『海洋国家日本の構想』原著は一九六五年刊行。

志田淳二郎（しだ・じゅんじろう）
名桜大学（沖縄県）国際学部准教授。1991年茨城県日立市生まれ。中央ヨーロッパ大学（ハンガリー）政治学部修士課程修了、中央大学大学院法学研究科博士後期課程修了。博士（政治学）。中央大学法学部助教、笹川平和財団米国（ワシントンDC）客員準研究員などを経て現職。専門は、米国外交史、国際政治学、安全保障論。主著に、単著『米国の冷戦終結外交―ジョージ・H・W・ブッシュ政権とドイツ統一』（有信堂、2020年、第26回アメリカ学会清水博賞）、単著『ハイブリッド戦争の時代―狙われる民主主義』（並木書房、2021年）などがある。

ハイブリッド戦争
―揺れる国際秩序―

2024年5月10日　1刷
2024年5月30日　2刷

著　者　志田淳二郎
発行者　奈須田若仁
発行所　並木書房
〒170-0002東京都豊島区巣鴨2-4-2-501
電話(03)6903-4366　fax(03)6903-4368
http://www.namiki-shobo.co.jp
印刷製本　モリモト印刷
ISBN978-4-89063-447-7